# 東京近郊スペクタクルさんぽ

Miyata Tamaki
宮田珠己

新潮社

# はじめに――散歩の危機

ドーンと散歩しようじゃないか、ドーンと。

と思ったのである。

テレビや雑誌なんかを見ると、最近の散歩は、路地を歩いてマニアックな喫茶店を訪ねたり、奇妙な看板を発見したり、ちょっと変わったグルメを探し当てたり、古い建物を見てしみじみ味わうというような「しみじみ」方面に重きが置かれていて、まあ、散歩なんて本来そういうものかもしれないが、なんだか飽きてきたのである。

そうじゃなくて、出会いがしらに、えええっ！　と声をあげてひっくり返るぐらい、そのぐらいびっくりするような散歩はできないものか。


そう考えたとき、思うのは東京の限界についてである。

ひょっとするとこれは、東京に飽きたということではないだろうか。

私が東京にやってきたのは今から30年近く前のことだ。就職したらたまたま東京勤務を命じられて上京したのだった。

東京で一旗あげようというような野心はまったくなく、むしろそんなスカした街には行きたくないぐらいの気持ちだったが、かといってどうしてもイヤというほどでもなく、つまりはただ状況に流され、押し出される心太《ところてん》のように、自動的に移り住んだのである。

最初に住んだのは調布駅近くにあった会社の寮で、引っ越して早々屋上にあがって周囲を見晴らしてみたところ、驚くべきことを発見した。

……山がない。

どこまでも見わたす限り街が広がって、その先に当然あるべき山が見えなかった。

そういうのあり？

それまで私は山の見えない街に住んだことなどなく、どこにいても山はあって当たり前のものだった。それは人間に頭があるのと同じぐらい当然なことと思っていた。

それがないという。

山がなければ、当然山の向こう側もなく、どこまで行ってもこっち側である。平坦だからどこまでも自由に歩いて行けそうなものの、山の向こう側を想像できないのは、かえって閉じ込められているみたいで息が詰まるではないか。

なんという恐ろしい場所に来てしまったのか。こんなのはまともな人間の住む場所ではない。

それが私にとっての東京の第一印象である。

おそらく条件のいい日なら、調布の寮の屋上からも西の方角に高尾山だの丹沢の山々が見えたのかもしれない。だが、その日の薄ら曇った空に山はなく、そのときの強い衝撃と落胆の気持ちは、今も忘れられない。

地図で見れば、この無節操なぺったんこさがつまり関東平野ということであった。

これほど起伏の乏しい地面は、あの広大な北海道にもない。あるとすれば国外、オーストラリアの真ん中らへんとか、サハラ砂漠とか、あとはたぶん冥王星とかだろう。

その結果、東京で散歩しようとすると、平地ばかりなのでどうしても街歩きが中心になるわけなのだ。そうなるとグルメやショッピングを除けば、古い建物とか変な看板とか児童公園の遊具とか、他県では全然珍しくないレベルの坂道とか、そんなものを見るよりほかなくなってしまうのである。

ショボいぞ、東京。

その後なんだかんだ言いつつも長く東京に住むことになって、まあ、そういうショボいものの味わいが楽しめるようになったと言えばたしかにそうなのだが、それは東京による洗脳だったとも言える。

一方、高低差は乏しくても、人情があるじゃないか、と言う人があるかもしれない。

んー、人情……。

そんなのはどこの街にだってある。

旅や散歩で大切なのは、人情ではない。

スペクタクルだ。


とニーチェも言っている。……仮に言ってないとしても、言いたかったはずだ。ニーチェじゃなければ、きっとゲーテが言いたかっただろう。

今こそスペクタクルな散歩が求められている。そのことがはっきりした。誰にということはないが、強く求められている。

よおし。行くぞ行くぞ。今こそ納得のいく真の散歩に。

調べてみると、東京近郊にも驚きのスポットはないわけではないようだった。探せばちゃんとあるのである。

そういうわけで、さっそくスペクタクルさんぽを始めることにする。

# 東京近郊スペクタクルさんぽ　目次

## 第9章 隠れキリシタンの魔鏡



## 第10章 渓谷と森の番人



## 第11章 本物の砂漠を見に（前編）

東京近郊スペクタクルマップ

長野
群馬
神流川発電所
埼玉
山梨
宮田宅
東京
神奈川
湘南
モノレール
澤田美喜
記念館
岳南電車
小網代の森
静岡
伊豆大島

本文イラスト／著者
装画・人物イラスト・地図／徳丸ゆう
撮影／菅野健児（新潮社写真部）
装幀／新潮社装幀室

# 第1章

# 地底湖とヘンテコな町

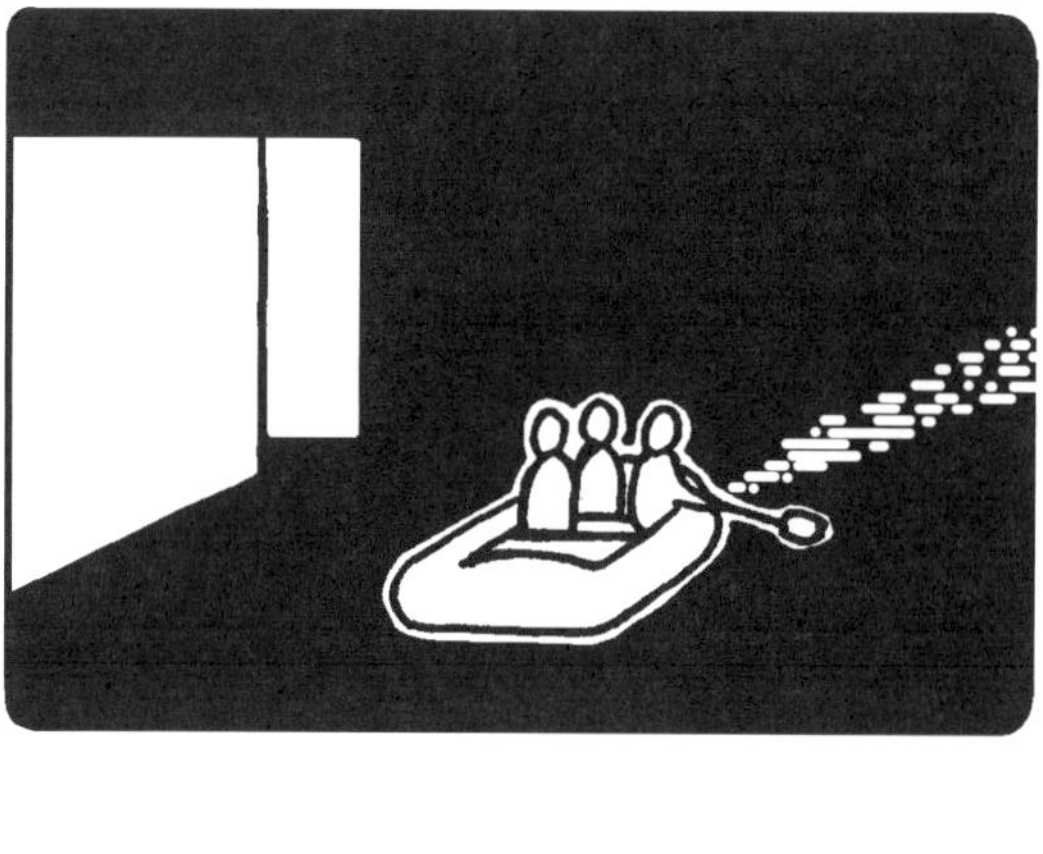

## パズルのような町と穴

最初に行ってみたいと思ったのは地底湖である。

地底湖！

もう字面だけでスペクタクルな予感がする。

しかし東京近郊、このぺったんこな関東平野に、地底湖なんてあるのだろうか。そういうのはシベリアとかユカタン半島とか、国内だったら岩手県とかに行かないとないのではないか。

実はネットで見たのであった。東京近郊で地底湖ツアーが行われているのを。

いったいどこにそんなものがあるかというと、栃木県の宇都宮市郊外、大谷石採集場の跡地である。

ネットで見た地底湖ツアーのホームページには、暗闇の湖に浮かぶラフティングボートや、天井に四角い穴が開いた巨大な竪坑《たてこう》の写真が掲載されていて、ＳＦ映画の一場面でも観ているようだった。

自然にできたものではなく、人工の穴に水が溜まったものらしい。自然にできた地底湖であれば、どこまでも透明な深く青い水と、シャンデリアのような鍾乳石、さらには生物学的に貴重な光る菌とか、目のない魚とかそういうものがいそうであるが、ここには鍾乳石もなければ、光る菌もおらず、水は全然透明でなく雑巾みたいな色だった。

が、まあ、細かいことはいいんである。

なにしろ地底湖なのだ。

地底なんて言葉、日常ではそうそう使わない。地下じゃないのだ。地下鉄、デパ地下など、地下ならいくらでも出かけたことがあるが、地底はない。どれだけ深いところを走っていても地底鉄とは言わないし、デパ地底なんて何を売ってるかわかったもんじゃない。地底といったら、その下はもう地獄しかないぐらいの覚悟が必要な世界なのである。

これだよ、こういうのだ、私が求めていた散歩は。

散歩というより冒険とか探検といったほうが似合いそうだが、冒険や探検も散歩の一種と言えば言える。いずれにせよスペクタクルであることは間違いないので、さっそく行ってみることにしよう。

同行してくれるのは、編集のシラカワ氏とカメラマンのスガノ氏。

これからずっといっしょに行動することになるので、ここで簡単に紹介しておくと、シラカワ氏は、やんちゃな2児の母である食いしん坊女子であり、スガノ氏は同じく食べ物にうるさい強面の山男である。この3名で東京近郊のスペクタクルを求めていく。

「私はべつに、スペクタクルに興味はないんですけど」

シラカワ氏は最初から身も蓋もないことを言うのだったが、そういう冷めた人間を感動させてこそのスペクタクルであるから、逆に彼女が感動するぐらいのスポットを見つけていこうと思う。

高低差に乏しい関東平野も、宇都宮あたりまで来ると、街の彼方に山が迫ってきてホッとする。東京から宇都宮にたどりつくまでの車窓風景の平板さは、かつて私が調布の寮の屋上で感じた息苦しさを思い起こさせ、私は関東地方でとりわけこの路線が苦手だ。

しかし宇都宮まで来れば、はるかに男体山の白い姿も見えて安心である。男体山に行く予定はとくにないけれども、そこに山があるというだけで世界が面白そうに思える。

「宇都宮に来たなら、最後ギョウザ食べて帰りましょうね」

シラカワ氏は早くも散歩後の食事のことを考えているようだが、ギョウザなんかどうでもいいのである。大事なのは、今まで見たことのないようなすごい景色を見ることだ。

駅前に出ると、いかにもアウトドアガイドといったワイルドな感じの男性が待っていた。ツアーガイドのマッハ氏である。どう見ても日本人であり、マッハというのはアクション映画のタイトルからつけたニックネームではないかと私は鋭く察したが、そんなことよりこんな屈強なガイドがつくということは、われわれは地底で何かと戦わされるのかもしれなかった。スペクタクルさんぽである以上、ある程度の危険は覚悟しなければならないのである。

地底湖ツアーは、正式には「OHYA UNDERGROUND～大谷地底探検と里山ハイキング

～」といって、地底湖だけでなく、ハイキングがついている。ハイキングも嫌いじゃないが、そこにスペクタクルはあるのか、と不安に思いつつ現地へ向かったところ、いきなり想定外の世界が待っていた。町じゅうにヘンテコな形の岩山がそそりたっていたのだ。

そして町の住民は、そういうヘンテコな岩山の間に、その削った石で家建てて住んでいるのだった。なかには岩山をそのまま四角く家の形に削って倉庫にしているところもある。

なんだこの町、地面を切ったり貼ったり自由自在である。マインクラフトかよ。

大谷景観公園というスポットも通り過ぎたが、そそりたつ奇岩に大きな穴が開いていてなん

こんな形の岩とか、

こんなのとか、

何これ、パズル？

だか面白そうであった。さすがのシラカワ氏も「なに、これ〜」なんて言ってテンションがあがっている。

いい傾向である。こういうスペクタクルにまったく興味のない人間を驚かせるぐらい、そのぐらいここはすごい景色であるということだ。

マッハ氏の説明によると、大谷石は火山灰が積み重なってできたもので、軽くて、加工しやすいのが特徴だそうだ。主に建築の化粧材として多く使われる。そしてこの町は地面の下がすぐ大谷石なので、そこらじゅう切り崩され、穴だらけになっているのだ。

とにかくもう町じゅうでかくれんぼできそうというか、どこかに黄金の国ジパングへの抜け道が隠されていてもおかしくないというか、地底湖に行くまでもなく、町そのものがスペクタクルであった。

すでに十分面白かったが、やがて車は田んぼの広がる一画にある石材屋さんの前で停まり、われわれはここでさらにすごいものを見たのである。

うながされるままに車を降りると、屋根の下に置かれている巨大なカッターが目に入り、これはつまり大谷石の加工の現場を見学せよというのだな、と勝手に解釈して、工作機械のパンクな見た目をしみじみ眺めた。

おお、粉塵にまみれたオレンジ色のスイッチよ！

そしてそのスイッチを入れればガタゴト動き出すのであろう愛玩動物的なベルトコンベア

よ！

とか、そういうふうな心構えで見学し、それはそれで十分な味わいがあった。機械には詳しくないが、その形は見ているだけで面白い。

がしかし、そんなものは重要でもなんでもなかったのである。

工場の片側に金網に囲まれたテラスのようなものがあり、なにげなくそっちのほうへ歩いていくと、テラスの先が穴になっているのがわかった。どんな穴なのかな、と軽い気持ちでテラスから下を覗いた瞬間、われわれは思わずのけぞった。

深っ！

それは巨大な……巨大すぎる穴であった。穴といえばこのぐらいの深さかなと思う常識的な深さをはるかに超えて、奈落の底へと続いていた。

まるで高層ビルの屋上から見下ろしているかのよう。地表に立っているのに足がすくむほどである。テラスだと思ったものは、バンジージャンプの台みたいな感じでその穴の上にせり出していたのだった。

おおおお、これぞスペクタクル。

素晴らしい！

地底湖に行く前からこんな驚きが用意されていたとは。

まさにスペクタクルさんぽとはこのことであった。

気持ちいいのは、穴がきっちりと四角いことだった。四角く、広さはたぶん50メートルプールよりも広い。底のほうに横穴が開いているのが見えたが、その穴もきっちり四角かった。どこをとっても直線的で、高層ビルから見下ろしているように感じるのはたぶんそのせいだ。

さらにその穴の壁にジグザグに階段が取り付けられ、下まで降りられるようになっていたり、壁面が雨水に濡れ、赤錆色や緑色のコケのようなものでグラデーションになっているのは、全体として香港を表現しているらしい。表現していないのかもしれないが、結果と

して香港感があった。きっと底にある横穴の奥には、めくるめく中華風電飾ピカピカ世界が広がっているにちがいない。そんな妄想で頭がくらくらする。

目を地表に転じると、そこには日本全国どこにでもありそうな田園風景が広がっていて、それがまた珍妙だった。そこにはこんな巨大穴が存在していそうな気配は全然ないからである。田園風景の下に突然香港。その落差が味わい深い。関東平野にこんな変な場所があったとは。

さらに、そうやって、ひととおり穴を見物してから石材屋内部に目を移すと、さっき見たオレンジ色のスイッチやベルトコンベアなどの工作機械が、まるで極秘の機能を持ったSF世界のマシンのように見えてきて、スイッチひとつで重大なことが起こりそうなそんな気配を醸し出しているのだった。あたり一帯がゴゴゴゴと大きく割れて、地の底から何かが宇宙へ飛んでいきそうである。同じ景色でも穴のせいでどんどんスペクタクル感が増していく。

で、この後、てっきりこの穴の下に地底湖があってこれからジグザグ階段を降りていくのかと思ったら、そうではなかった。ラスボスは簡単には姿を現わさないらしい。

# 地底のリゾート

続いて、興奮したわれわれが連れて行かれたのは、里山ハイキングである。

里山ハイキング……。

語感からは、全然スペクタクルな匂いがしてこないが、まあついていった。

林の中にトロッコの軌道が残る小さなトンネルと、その横に廃屋となった小屋が残っており、いい感じに枯れていた。小屋の内部にはヘルメットや当時使われていたのであろうノートが散乱し、その上に蔦が這っている。机の引き出しのなかに何か手がかりがありそうだった。何の手がかりかはわからないが。

大谷石は、江戸の中頃から本格的に採掘が始まり、大正から昭和中期にかけては相当景気がよかったらしい。しかし昨今は安価な建材に押され、現在営業している採掘業者はひとケタに減ってしまったという。この廃屋もその名残りだ。

すべてに注意、の看板が……

第1章
地底湖とヘンテコな町

まるで秘密基地のよう

トンネルを覗いてみたが内部は暗くてよく見えなかった。マッハ氏によれば巨大な空間に通じているとのこと。

廃屋そばの道をさらに林に分け入ると、石を採った巨大で四角い穴が穿たれているのが見えた。そしてそのまま林を抜けた先には大きな屋敷と大谷石で造られた蔵があった。この蔵は最高級の大谷石で造られているそうで、明治期のものだそうだが、今もピカピカしていてそんなに古く見えない。なるほど最高級は違うのだということが素人にもわかる。

最高級の大谷石の特徴は、ミソと呼ばれる穴が少ないことだそうだ。大谷石は火山灰が積み重なってできたものなので、中には枯葉だの生きものだのが一緒に埋もれて紛れ込んでおり、その部分が年月を経て腐ったり抜け落ちたりしてミソになるという。

「ミソ」が小さいほど丈夫で高級とされる。この写真の「ミソ」は大きめ

マッハ氏は、その穴だらけであるところに温かみというか素朴な味わいがあるのだというようなことを言って大谷石をＰＲした。

私は沖縄によくあるサンゴでできた石垣を思い出した。あのガラガラした素朴な風合いが、大谷石にもある。マッハ氏の説明を聞いているうちにだんだん大谷石が好きになってきたが、何事もそればかり見ているうちに好きになるのは旅先ではよくあることなので、うっかり極上大谷石壁掛け3点セットみたいなものを買ってしまわないよう注意が必要である。

里山をひと回りした後は、いよいよツアーは本題に入って地底湖へ向かう。

地底湖は、入口がゲートで閉じられていた。勝手に入ることはできないのだ。このツアーも、地主を説得し許可をとってようやく実現したのだそうである。

誰だか知らないが、よくぞ説得してくれた。でなければ、地底湖の存在など、一般人が知ることはなく、私がこうして散歩にやってくることもなかっただろう。

後に聞いたところ、今までにリピーター含め延べ2000人が訪れたそうだ。2000人といえばまだまだ少ない。これから期待の散歩スポットと言っていいだろう。

フェンスでできたゲートの鍵を開けて中に入ると、正面には大きな岩山がそびえており、大きくくりぬかれていた。この町ではありとあらゆる岩はくりぬかれている。くりぬかれていないものは岩とは呼べないぐらいだ。

ここでヘルメットを被り、ライフジャケットを着て、大きな開口部から中に入った。岩山の内部はかなり広く、バスやトラックでも軽く通れそうだ。天井がかなり高い。穴というより、大きな建物の中にいるようだった。こんなにくりぬいて天井が落ちてこないのか心配になるが、もちろん事前に安全性を確認し、そういう危険な場所は立ち入りを制限しているそうだ。

圧倒的なスケール。でも、まだ序の口

スロープを下っていくとすぐに暗くなり、それと同時にだんだん冷えてきた。内部の気温は4度ぐらいだという。

ぼんやりとした暗闇にポツポツと明かりが灯っているのが見えると思ったら、

そこが地底湖だった。もっと地底の奥深くにあるのかと思ったら、わりとすぐ到着。地底ってほど深くなかった。深くなかったけど、もはやそんなことはどうでもよかった。

ついに念願の地底湖にやってきたのだ。

明かりは湖面すれすれに設置され、地底湖の姿をぼんやり浮かび上がらせていた。大聖堂のような荘厳な雰囲気にワクワクする。

んんん、ついに来た。自宅から日帰りでこんな場所に立てるとは信じられない気持ちだ。スペクタクル過ぎるじゃないか。

「これはたしかにスペクタクルかも」

シラカワ氏も感激している様子。スガノ氏も目を見張っている。

湖は採石した跡の穴に水が溜まってできたもので、壁も天井も直線的であり、プールといったほうが近いかもしれない。ただ、四角い単純なプールではなく、奥のほうは枝分かれしているようだ。

そして水辺にあらかじめ用意されてあったラフティングボートに全員で乗り込むと、マッハ氏が静かに漕ぎだした。

水面には粉塵がうっすらと膜を張っていて、透明度はゼロ。こういう水には、たいてい巨大アナコンダ的生物が潜んでいて、闖入者はひとりずつ水中に引きずりこまれていくものと相場が決まっているが、生きものの気配はなく、音ひとつしなかった。

水面いっぱいに粉塵が広がる

こんな場所が関東平野にあったとは

地中の雲

奥へ進むにつれ天井が低くなってきたのは、穴が斜めに掘られているせいです、とマッハ氏が教えてくれる。ということはつまりそれだけ水深のほうは深くなっているのだろう。そのへんからボートは交差している水路のほうへ曲がって、探検気分はさらに増していった。

曲がった水路の突き当りにちょうど人が通れるぐらいの穴があり、ボートがそこに着くと、マッハ氏はわれわれに上陸を促した。

おお、まだ進むのか。

上陸すると、そこにはまた別の空間があり、巨大な竪坑があって、その穴から太陽の光が降り注いでいた。

われわれのいる位置から空は見えなかったが、たぶん先ほどの石材屋で覗き込んだ香港穴も中はこんなふうになっているのだろう。外気が暖かくなる夏には、この竪坑部分に雲ができるとマッハ氏が教えてくれた。

地中の雲！

そんなものができるのか。なんだかことわざにでも使えそうである。

［地中の雲］：あり得ない場所に雲ができること。転じて……んんん、何か教訓をくっつけて

うまいこと言おうと思ったが、思いつかなかった。

竪坑と別の方向には戦時中、軍需工場として使われた跡などもあり、ものすごい規模の空間がこの地下に張り巡らされていることが、だんだんわかってきた。

後に聞いたところでは、この町にはこういう採掘場跡が他に250か所ほどあるそうである。

約250か所！

ほとんど地下都市だ。

そう思って天井の穴を眺めると、地上はもう核戦争で滅びてしまったような気がしてきた。

放射線を避けて地下に住むようになった人類は、過酷な環境で苦しい暮らしを強いられていた。しかし、もう人間が住むことはできないと言われる地上では支配者階級が豪勢な暮らしを謳歌していた。地下の住民は真実を知らされないまま、支配者階級に搾取されていたのだ。真実を知ったわれわれスペクタクルさんぽ隊は、支配者階級の専制を覆すため、地下世界から決死の脱出を試みた！

おおお、なんというスペクタクル。

いつのまにかわれわれは、とてつもなく重大な局面にさしかかっていたようだ。

というかべつにあれこれ妄想しなくても、こんな巨大な地下世界が約250か所あるというだけで十分すごい話である。ここ以外にももっとでかい地底湖とか超巨大空間とか、謎の迷路状通路とか、ひょっとして地底人とか未確認生物とかそういうものが今後発見されないとも限らない。そうなってくるともう地底湖がどうとかいうレベルの話ではない。パラレルワールドである。

その無限のポテンシャルに注目している人はもちろんいて、実は今回の地底湖ツアーも、たくさんある採石場跡地を活用していこうという地元有志によるプロジェクトの一環なのだそうである。こんなにでかい地下世界があるのなら、何かに使おうと思うのは当然だろう。

そういえば、ツアー会社にもらった資料には、アンダーグラウンドリゾート事業などという言葉も書いてあった。

たしかにリゾートのひとつやふたつ、つくれそうである。今はまだ撮影や商品展示会用にスペースをレンタルするとか、独特な景観のなかでディナーを提供するといったメニューが中心のようだが、ゆくゆくは、ぜひトロッコ型のジェットコースターを走らせてほしいものだ。暗闇の中をトロッコで縦横に走り回れたらさぞかし爽快だろう。

それ以外にも地下温泉とか、地下ホテルとか、雨が降らないからテニスコートなんかもつくれるかもしれない。スケートリンクや、ボウリング場、クライミングウォール、地の底へのバンジージャンプ、あるいは地下ゴルフ場なんてどうなのか。壁や天井の反射も利用して立体的に攻めるのだ。

そして一番つくってほしいのはやはり香港のような地底都市である。地上はのどかな里山風景なのに、地下に潜れば香港があるという。それが一番スペクタクルな気がする。

まあ、べつにリゾートでスペクタクルを追求する必要はないけれども、私個人の好みを述べるならばそういうことであった。

ともあれ地底湖ツアーは、スペクタクルどころか壮大な広がりを見せて終了した。今までその平坦さをバカにしていた関東平野に、こんな地下世界が広がっていたとは、いっぱい食わされた思いだ。

東京近郊にもワクワクする場所はまだ残っていた。

散歩も捨てたものではないということである。

「ギョウザ行きましょう、ギョウザ」

これほどのすごいものを見た後なのに、シラカワ氏はあっという間に旨いもの方面に気持ちが移っていた。

このツアーへのお問い合わせ先
ＬＬＰチイキカチ計画
株式会社ファーマーズ・フォレスト内
えにしトラベル
〒３２１‐２１１８　栃木県宇都宮市新里町丙２５４　道の駅うつのみや　ろまんちっく村
ＴＥＬ　０２８‐６８９‐８７８２（直通）　０２８‐６６５‐８８００（代表）
※今回の原稿には、取材のために特別にご案内いただいた箇所が含まれています。
ツアー内容については、その都度変更する場合がありますのでご了承下さい。

# 第2章

# 地下500mの巨大空洞

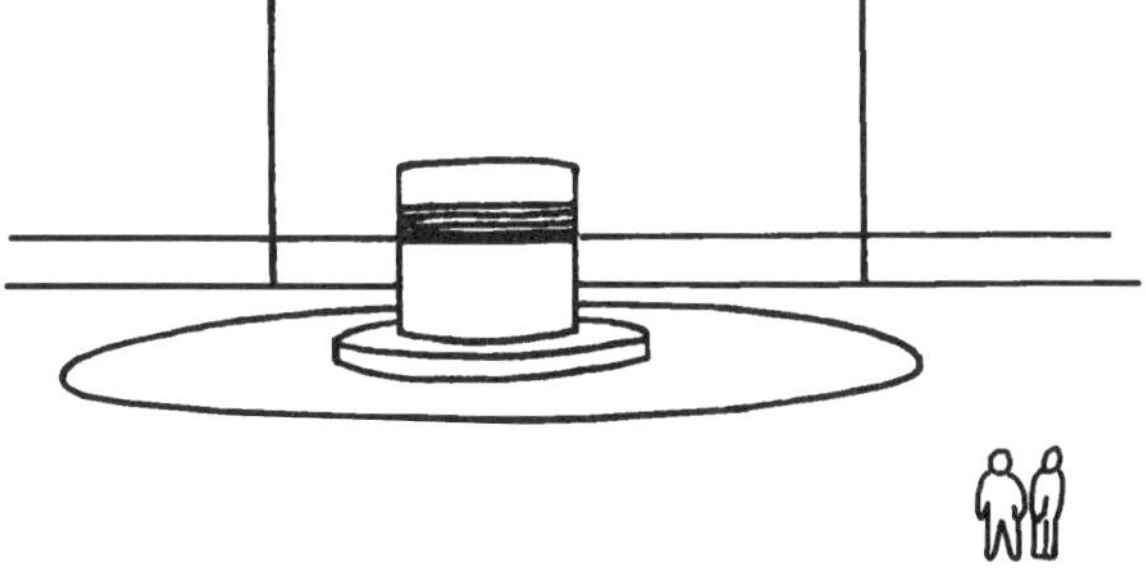

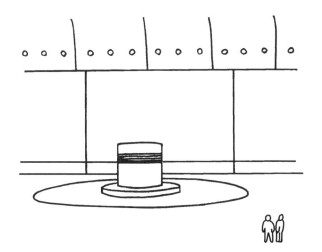

## ダムの面白さがわからない件

最近、土木建造物を観光するのがブームになっているようだ。データをとってるわけではないので確証はないが、実感として、世間には思った以上に土木マニアが存在しているように感じる。

実は何を隠そう私は工学部土木工学科の出身であり、それがなぜ今、こんなおさんぽライターになっているのか人生わからないものであるが、私の知る限り、学生当時、余暇に土木建造物を見にいく、などという物好きな人間は、土木工学科にもいなかった。

土木は余暇のものではなく、業務であり、見るものではなく、使うものであり、かりに見たところでおおむね灰色で美しくないものであった。

橋梁工学の教授が、いろいろな橋の写真を学生に見せながら、

「見てください、この美しい橋。惚れ惚れしますねえ」

なんていうのを、だいぶ頭がおかしいと思いながら受講していた。専門家になると美的感覚が浮世離れしていくひとつの例として、自分はああなってはいけない戒めのようなものとして、その教授を眺めていたのである。

それが今では、世の中に土木マニアがうようよいるという。土木工学科出身でもないのにだ。時代は変わり、みんな頭がおかしくなったのである。

しかもジャンル毎にマニアがいるらしく、橋なんかはまだいいほうで、高速道路のジャンクションマニアとか、水門マニアとか、消波ブロックマニアとか、生まれてこのかた一度もまじまじと見たことないわ！　というようなものにまでマニアが存在しているのだった。

なかでも、おそらく一番多いのがダムマニアだ。ダムの人気が予想以上である。

ダムねえ……。

面白いだろうか。

スペクタクルさんぽというとき、シラカワ氏はまさにダムや吊橋をイメージしたと言っていた。それはわからないでもない。わからないでもないが、ダムだからといって必ずしもスペクタクルとは限らない。デカいものは何でもスペクタクルだと思ったら大間違いだ。肝心なのは、見ていると何か非現実的な世界を思わず想像してしまう、そういう感触があるかどうかなのだ。

そもそもダムなんて全国そこらじゅうにあって珍しくないし、見た目もだいたい似たようなもんじゃないか。たとえばドライブ中、地図にダムと書いてあったら寄りたくなるかといえば、まったくならない。

むしろダム本体よりも、その貯水量のほうが面白いと思う。

何のことかというと、ダムの貯水量が増えたり減ったりする、そのグラフが上下するさまが、

# 第2章
## 地下500mの巨大空洞

見ものだと思うのである。

私は、ダムが水不足にならないよう、ネット上に公開されているいろんなダムの貯水率を日々見守っている。

たとえば平成28年（２０１６年）の夏は利根川水系のダムが熱かった。

なかでも群馬県みなかみ町にある矢木沢ダムは、梅雨入り後の6月半ば時点で、ダムの貯水率がほぼ1割にまで落ち込んでおり、例年を大幅に下回っていた。通常であればこの時期は三国山脈の雪解け水が流れ込み、ほぼ満水に近い状態なのであって、ここ20年で最も渇水だった年でも、5割ぐらいの水は貯まっていた。それがほぼ1割。史上まれにみる大渇水であったのだ。

利根川水系では取水制限が発令され、ホームページでは深刻な水不足の可能性が示唆されていた。

私はひまがあると、矢木沢ダムのホームページをチェックするようになった。

貯水量と貯水率は、10分毎にアップされる。それを眺めては、同時に周辺の天気予報を調べ、雨が降れば雨量を調べ、はては豪雨レーダーでリアルタイムの雨の具合を監視した。あまりに頻繁にチェックするので、仕事がちっとも進まなかったほどだ。

といっても私の住むところは利根川水系ではないので、私はべつに水不足を心配していたわけではない。

そうではなくて、この危機的状況から貯水量が回復していくグラフ上のスペクタクルを期待していたのだ。見ているのはただの数字の羅列に過ぎないが、そこにはドラマの予感があったのである。

しかし矢木沢ダムはなかなか本気を出さなかった。

ときどきは雨が降って貯水量が少し回復するのだが、梅雨だというのに大雨に見舞われることもなく、それどころか7月に入っても台風はなかなか来ないし、来たと思っても雨雲はダム上空を避けて通り、ようやく例年の半分の水位にまで回復したのは8月半ばのことだ。

利根川水系には、上水道用のダムが8つあり、矢木沢ダムはその中で最大のダムだが、ほかにも奈良俣ダムと下久保ダムという大きなダムがあって、私はそれらの貯水量もチェックした。

奈良俣ダムの状況は、矢木沢ダムと似たようなものだったが、下久保ダムは、ずっと南の群馬県と埼玉県の県境に位置し、雨の状況がまた違っていた。

当初は矢木沢ダム同様かなりの渇水で、なかなか雨の降る気配がなかったものの、8月末に日本に上陸した台風10号によって、ついに大雨となり、俄然水位があがりはじめたかと思うと、瞬く間に貯水量を回復して、念願のスペクタクルが実現した。見ているのは数字の羅列だけれども、みるみるうちに回復するリアルタイムな貯水率に、大いに盛り上がったのである。

いわゆる「キタ━━━━━━━」というやつであった。

おかげで利根川水系の取水制限は解除されたが、その間、矢木沢ダムはどうだったかというと、じわじわと地味に回復した程度で、9月になっても満杯に迫ることはなかった。

しっかりしろよ矢木沢ダム。

それにくらべて下久保ダムのエクスタシーといったら。

ありがとう下久保ダム。というわけで、今年のチャンピオンは下久保ダム！

……って、私は何の話をしているのだろうか。

ダムマニアがわからないという話だったかと思うが、それよりはるかにわからない話をしている気がする。

今回はこういう話ではないのだった。スペクタクルを求めてさんぽに行くのである。

## 上のダムと下のダム

私はあるとき、ネット上をぶらぶらしていて、見慣れないダム画像を発見した。

正確にはダムではなく、それを利用した発電所だ。

その名は、神流川《かんながわ》発電所。

何が気になったかというと、発電機が置かれているのが山の地下奥深くにある巨大な空洞の中で、その空洞がすごい感じなのだった。

ダムはもう見慣れてしまったけれども、地下の空洞は見慣れていない。ぜひ行ってみたい。

というわけで私は、例によってシラカワ氏、スガノ氏とともに、高崎からレンタカーで群馬県と埼玉県、そして長野県との県境にも近い上野村へ向かったのである。

発電所のある上野村は、群馬県と埼玉県の県境を流れる神流川の上流で、そこは奇遇にも、下久保ダムのすぐそばだった。

おお、下久保ダム。台風10号の感動が胸によみがえる。

発電所は東京電力の敷地内にあり、勝手に行くことはできないので、見学するには、上野村と東京電力が共同で催行するツアーに参加することになる。

ふれあい館という村の施設に車を停め、そこからは専用のバスに乗り換えだ。

地下の発電所をわざわざ見に行こうというのだから、ツアー参加者はマニアばかりかと思っていたら、むしろ家族連れやリタイヤ組ふうの年配者がほとんどであった。土木ブームが一般家庭にまで浸透しているということだろうか。まさか発電所の仕組みを勉強しに来たわけではあるまい。

その辺はよくわからないままバスは川をさかのぼり、あるところからゲートをくぐって東電の敷地内に入った。ここからはヘルメットを装着する。

橋を渡ると左側に開閉所があって、発電所でつくられた電気が最初に地表に出てくるところだそうだ。

3本の柱があり、これが家庭にあるブレーカースイッチのような役目を果たしているという。ここから50万ボルトの送電線に接続され、首都圏に向けて電気を供給しているとのこと。

50万ボルトと聞いても、それが凄い数字なのか、発電所ではふつうのことなのか、素人の私にはよくわからない。

トンネルの入口があり、ここから一気に地下へ160m下る。

われわれは160m下るだけだが、発電所は御巣鷹山の地表の下500mのところに位置すると言われている。

このトンネル内の坂の傾斜が9%と教えられた。車のCMでベタ踏み坂と呼ばれて有名になった鳥取県と島根県を結ぶ江島大橋が傾斜6%だから、あれ以上に急ということだ。資材を運ぶトレーラーが登れる最大の傾斜だという。

とはいえバスに乗っている限りは急勾配の感じもなく、淡々と地下へおりていった。

それにしてもなぜ、発電所をそんな地下深くに造らなければならないのだろうか。

この神流川発電所は、揚水式発電といって、高さの違う2つのダムの間を管でつなぎ、上の

開閉所

ダムで貯めた水を下のダムへ落下させて、その落下エネルギーでタービンを回し発電する。そのため発電所は2つのダムの間に造られ、高さは上のダムより低い位置になる。

2つのダムの間は通常は山だから、どうしても発電所は地下になる。図でいうとこういうことである（左下）。

なぜ落下した水を貯める下のダムが必要かというと、それこそが揚水式の特徴で、一度発電に使った下のダムの水を、電力の余っている時間帯にその余剰電力によってふたたび上のダムに汲みあげ、使用電力のピーク時にまたその水を使って発電するからである。

つまり水は上と下の2つのダムの間を行ったりきたりするのだ。穴を掘ってまた埋めるみたいな、なんとも無駄な感じがするけれども、余った電力を無駄にしないためにはこういう施設が必要なのである。効率は約70%。つまりこの発電所を使って10の余剰電力を保存すると7の電力が使えるわけである。3割は失われてしまうが、それは原理的にしょうがない。

気になったのは水のことで、水の身としては一度落下したらそのまま海まで流れたいんじゃないかと思うのだが、それをまた汲みあげられて落とされて、また汲みあげられて落とされて、たいがいにせーよ、と思

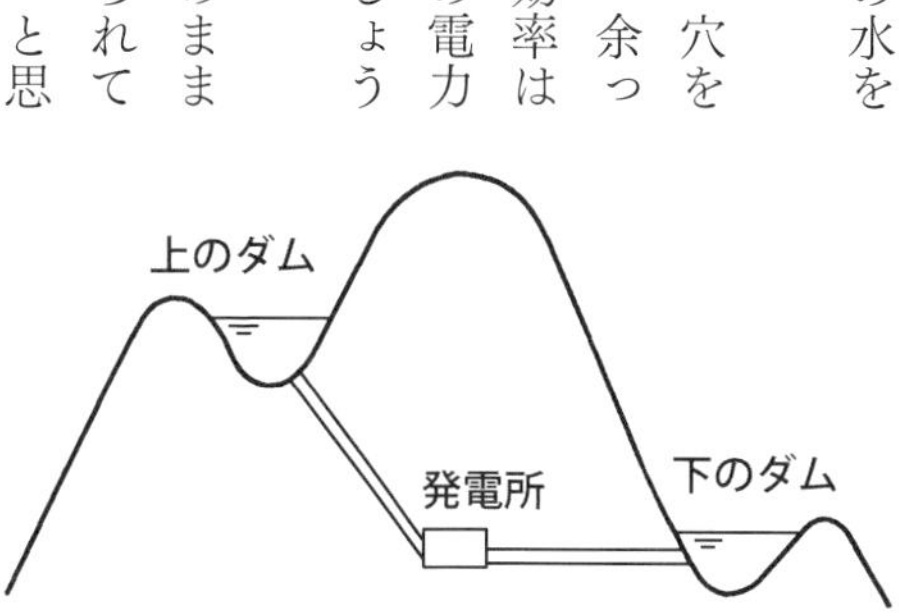

わないだろうか。そもそも同じ水を何度も使って、腐らないのか。

さらに驚くのは、下と上のダムで水系が違うということだ。

上は信濃川水系、下は利根川水系なのである。

となると揚水時に利根川の魚が、信濃川に移動することもありうる。生態系が変わってしまわないか、といえば、そこはもちろん対策が講じてあるそうだ。ダムの場所にもともとあった沢は、ダムを迂回させて流し、それぞれの水が混ざらないようになっているのだ。

すごい。

この世にそんなダムがあるとは。

そんな手間をかけるなら、同じ水系にダムを造ればいいと思うのだが、どういうわけか分水嶺を跨いで造られ、長野県の山の上に、利根川水系の群馬県の川の水が貯められているのであった。

「この上のダムが南相木ダム、下のダムが上野ダムになります」

案内の人は、下のダムが上野ダムというところを強調した。話がかたくなってきたところでのダジャレ投入は、できる社会人が身につけておくべき必須の作法のひとつである。

## サムイボ的大空間

さて説明が長くなったが、われわれはいよいよ地下500mの発電所にいる。ここには現在2基の発電機が設置されており、最終的には6基まで設置する計画だそうだ。部屋に入った瞬間、思わず、おおお、と声が出た。でかい。聞きしにまさるでかい穴だ。

天井はアーチ状になっており、高さ52m。床の幅は33m、奥行き216mのやや高さのあるかまぼこ型の空間だ。

半分はすでに発電機が置かれて発電所然とした光景だが、残る半分はまだコンクリートがむき出しのままだった。コンクリートの天井や壁一面には何やらポッポッポッとサムイボ(鳥肌)みたいなものがたくさん突き出ており、ナマコの腸内にでも入ったかのようだ。

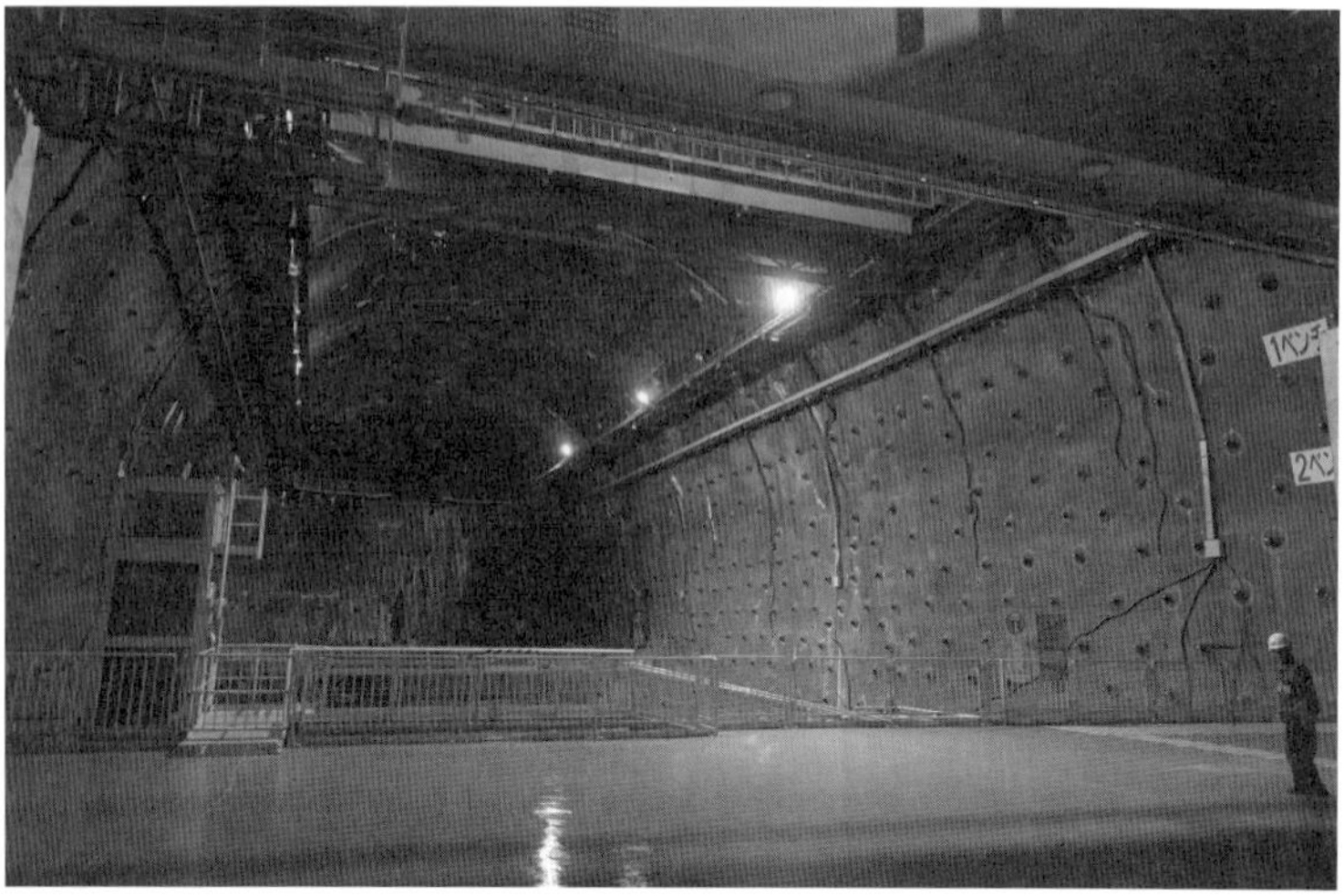

国語の教科書に載る詩のようなコピーが

# 第2章
# 地下500mの巨大空洞

当然みなサムイボの正体が気になるらしく、案内の人も最初に説明してくれた。

それはPSアンカーというのであった。

天井や壁の崩壊を防ぐため、土中奥深くに向けて3700本もの杭（PSアンカー）が打ってあり、サムイボに見えるのはその頭だ。図にするとこういうことである（上）。

プロが考えたのだから、きっと素晴らしいアイデアに違いないが、素人には理屈がわからない。下手に杭なんか打ったらかえって壁が崩れてくるんじゃないか。へんに刺激しないで、そっとしておいたほうがいい気がする。

だが、ここで私はウニを思い出し、考えをあらためた。

ウニも中身はうにゃうにゃで支えがなく、死んで骨だけになったときは、ちょっと触れただけでもすぐに崩れてしまう。しかし、トゲトゲに生きているときは型崩れせず頑丈だ。つまりトゲトゲは生命力の源なのであり、本人の気合いを形にしたものともとれる。

発電機は1基で最大47万キロワット、2基あわせて94万キロワット発電することができる。これはだいたい大型火力1基分、約30万世帯分の電気になるらしい。

われわれに見えるのは、円柱形のでっかいボタンみたいなものだけだが、本体は下にあって、そのタービンを逆回転させると、下の上野ダムから高低差にして653m上の南相木ダムまで水を汲みあげられるというから、そんじょそこらのボタンと思ったら大まちがいである。

などと説明を受けていたら、突如、館内放送が流れ、発電を開始するとのこと。

「みなさんは運がいいですね。発電機が動き始める瞬間を体験できることはなかなかありません。ジェット機が通過するぐらいの大きな音がしますから、気を付けてください」

と言われて、待っていると、まずはキュウウウウウという期待感盛り上げ音みたいなのがして、それがどんどん大きくなり、発電の準備が整うと、ドカーンという音とともに送電線に接続するスイッチが入って、発電が始まったようだった。

「発電操作開始からわずか数分で最大出力まで上げられるのがここの特徴です」

最大で毎秒85トンの水が落ちてくるというから、管の中はものすごいことになっているにちがいない。特殊な鋼材でできた管は水深1200mの水圧に耐えられる設計だそうである。

ほかにも1万7000アンペアの電流が流れる電線が入ったパイプがあって、これは相当太くないと焼き切れてしまうとか、何かと話がデカいのであるが、見た目はまあ、素人から見ると、なんかのパイプだなあという程度で、円柱形のボタン同様スペクタクルとはほど遠かった。

しかし一方で、そういうでかい話を聞きながらサムイボ大空洞を見ると、これについてはますます味わいが増すようだった。

ボタンではなく、発電機です

ちょっとSF感もある

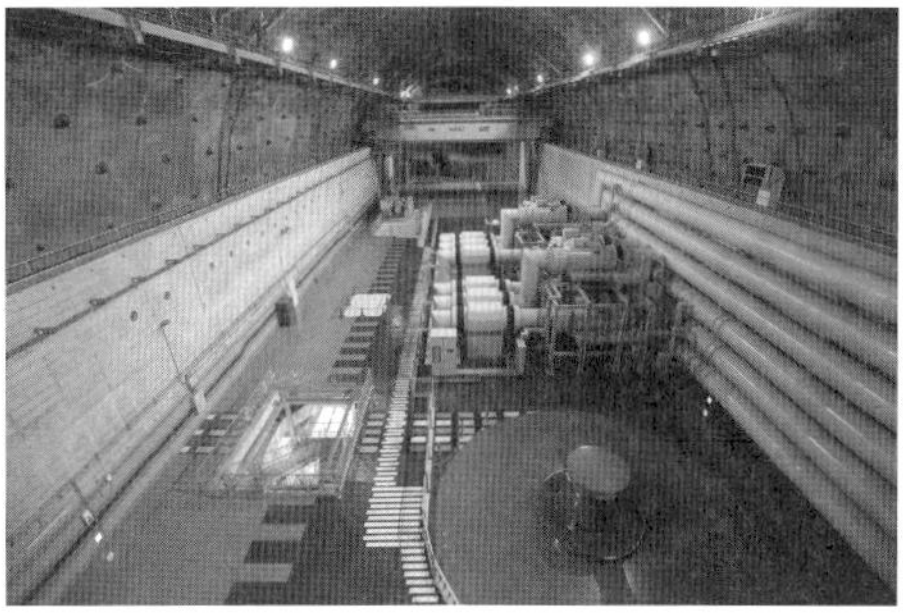
上から見下ろすとさらにSF感が増す

## 土木建造物と崇高

案内の人の話によると、これらは沼田のコントロールセンターから指令を出して運転しているという。

意外にもこの神流川発電所は、通常は無人なのだった。

今はわれわれのために照明も点いているけれど、普段は全部まっ暗なのだ。そしてそんなまっ暗な大空洞で突如発電を始め、人知れずドカーンという大きな音を立てたりしているのである。

私は無人の発電所を想像してみた。

それは、とても秘密めいて、なんだか古代の神殿のようだった。

もはや人間でないものがそれを動かしている感じがする。

実際は沼田のコントロールセンターが動かしているのだが、そうと知っていても、どこか謎めいた感じだ。

そしてその瞬間、私は、ああ、そうだった、とあることを思い出した。

かつて私は日本全国に建つ巨大な観音像を見てまわったことがある。私には巨大仏に対する信仰心などまったくなかったのだが、周囲の環境とかみあわない尺度の巨大な人工物は、仏様だからということとは関係ないところで、あの世を連想させた。言葉でうまく言えないが、この世以外のところから、何かがぬっと顔を出したような不気味さを感じたのである。

ダムやこの大空洞も、そのスケールがあまりにも並はずれているために、どちらも人間の手によるものでありながら、人間でないものが造ったかのような感触を覚える。

もしダムの建設技術を忘れた未来人が各地のダムを見たら、あるいは神や宇宙人の仕業と思うかもしれない。そのぐらいダムの巨大さは人間の親しみを超越している。似たようなものが他にあるとすればエジプトのピラミッドだろうか。

そしてまさにその超越のなかに、土木建造物人気の秘密が隠されているのではないだろうか。

17世紀から18世紀にかけて、イギリス人によるヨーロッパ大陸旅行が流行した際、それまで耕作にも適さず恐怖を催させるだけだったアルプス山脈に、旅行者たちが新しい美を見出した事例を思い起こさせる。

彼らはその美を「崇高さ」と名付けた。

人間の尺度からかけはなれた巨大さや、まったくぬくもりを感じさせない非情さに、ある種の神々しさを見出したのだ。

ダムや土木建造物を見る人は、本人は意識していなくても、風景のもつそんな「崇高さ」に惹かれているのかもしれない。

スペクタクルとは、ある種の宗教性でもあるのだ。

思わぬ壮大な話になってきたが、そういえばダムの貯水量の増減も、人間の手には負えない天の采配によるものだった。あれもやはり「崇高さ」に通じていたのかもしれない。

こうして神流川発電所の見学は、ほぼ1時間程度で終わった。

終わってみれば、最初は面白みがさっぱりわからなかった土木建造物を、もっと見たいような気がしてきたのである。

※上野ダムには事前予約なしでも立ち寄ることができます（4～11月は9時30分～16時30分、12～3月は冬季閉鎖）。

# 第3章

# ジェットコースター・モノレール

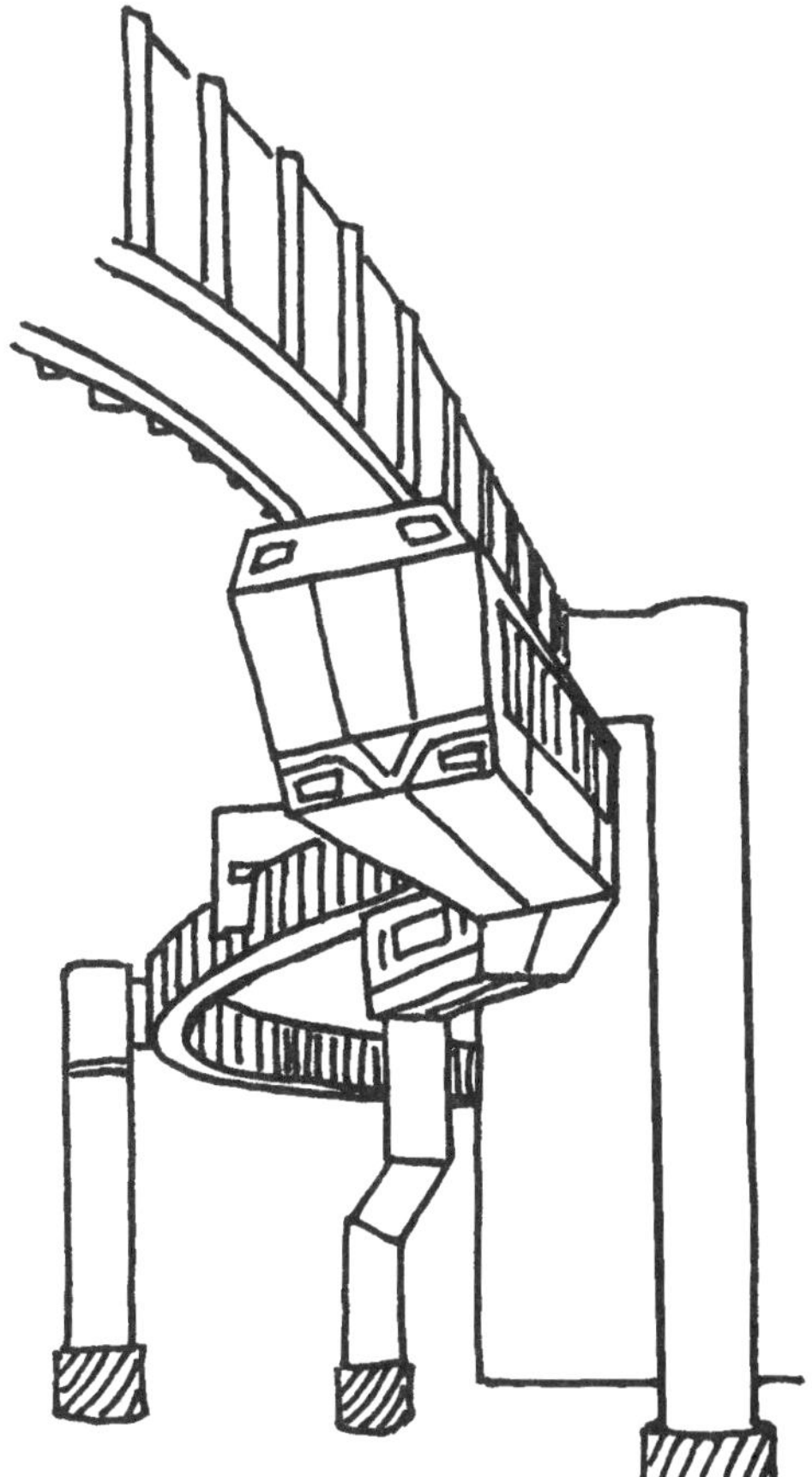

## 君はなぜ湘南モノレールに乗らないのか

モノレールは微妙な乗り物で、鉄道好きからは少々物足りなく思われてるんじゃないかと思う。

物足りない最大の理由は、遠くまで行けない、という点だろう。

日本最長の大阪モノレールなどは結構な距離を走るが、それにしたって大阪府の北部を横断している程度である。

一方で、編成が短く、ゆったりとした走りっぷりには、かわいさがあり、それ自体マスコットのような印象もある。

動物にたとえるなら、新幹線がライオンで、一般の鉄道は馬や牛であり、路面電車が犬か猫で、モノレールはモルモットみたいなそういう位置づけになるのではなかろうか。

そうしてみると、好感度は低くないものの、本格的な鉄道好きからみたときには優先順位は高くない、というのが趣味人から見たモノレールの立ち位置と推察できる。

だが、私は敢えて宣言したい。

モノレールには他の鉄道にはない魅力がある、と。

たしかに移動距離は短いが、あのレトロ・フューチャーな見た目がいい。そして渋滞にも踏み切りにも頓着せず、町の上を悠々と魚のように泳いでいく。

錯覚かもしれないが、鉄道よりなんとなく清潔感があるのもいい。あれに乗れば生活がちょっとだけ豊かになるような感じがする。ごみごみした地表を走らないところに、自分は一般庶民とは違うんだというマリー・アントワネット感がかすかに匂うのだ。

これだけでも好きになる理由としては十分だが、あるタイプのモノレールに注目すると、さらにワクワクする。

モノレールにはレールに跨って走る跨座《こざ》式と、レールにぶら下がって走る懸垂式があり、このぶら下がって走る懸垂式がどうにも痺れるのだ。

なぜぶら下がってるモノレールがいいのか。

跨座式モノレールは、モノレールといえどもレールの上を走る以上、電車の仲間であることが一目瞭然である。だが懸垂式は、電車の仲間と呼ぶにはためらいがある。車両の下にレールがなく、空を飛んでいるようなその姿は、電車とはなんだか違うものであり、むしろロープウェイの仲間というべきである。

そしてそう考えたとき、電車とロープウェイにはとても重要な違いがあることに気づく。

それは、電車は通勤や旅行に使うが、ロープウェイは主にレジャーに使うという点だ。

そもそもロープウェイというのは、ぶらぶらしている。ぶらぶらしているものは、隙があるというか、風まかせというか、どうしてもふざけた感じがする。ロープウェイが通勤に使われないのも、きっとぶらぶらしているからだ。そんなもんで通勤したら「朝っぱらから何ぶらぶらしてるんだ」と上司に叱責されるだろう。

当然の帰結として、ロープウェイはレジャー用、すなわち主に休日に乗るものになった。懸垂式モノレールも、一見列車の体をなしてはいるが、その正体はぶらぶら派であり、ロープウェイ同様休日っぽい乗り物と言える。

そうだとすれば、懸垂式モノレールに乗るということは、退屈な日常を離れて非日常の世界を味わうことであり、少しでも現実から逃げ出したい私には、うってつけの乗り物と言えるのであった。

そんなわけで懸垂式モノレールにいつでも乗りたいが、残念ながら日本に懸垂式はそう多くない。

一番有名なのは千葉モノレールで、次いで湘南モノレール。さらに広島にスカイレールというゴンドラタイプのものがあり、あとは上野動物園に小さいものがひとつ走っている程度。

このうち千葉モノレールはおおむね平坦な市街地を走り、依然日常を引きずっていて今ひとつだが、私が注目したいのは湘南モノレールである。

湘南モノレールは、東海道線の大船駅に接続し、そこから江の島まで6・6キロメートル、8つの駅を結んでいる。走行距離は長くないものの、途中山あり谷ありトンネルありと変化に富んでいて、まさにぶらぶら派の面目躍如、想像以上に非日常な乗り物なのだった。これが本当にモノレールなのか、遊園地のアトラクションではないのか、と言いたくなるぐらいの破天荒な乗り心地は、こんなすごいものが、なぜ世間にあまり知られていないのか理解に苦しむほどである。

おそらく江の島にいくときは江ノ電に乗るものと多くの人が思い込んでおり、それ以外に小田急もあるから、選択肢としての優先順位が下がってしまっているのだろう。おまけに江ノ電は江ノ電で狭い場所を住宅すれすれに走る面白さがあり、観光客はそっちのほうの非日常で満足してしまうのかもしれない。

だが、湘南モノレールだってすごいぞ。

私に言わせれば、江の島に行くなら、鎌倉大仏は省略してでも湘南モノレールに乗るべき、そのぐらいの重要物件である。

## 交通機関というよりアトラクション

そんなわけで今回も、シラカワ氏、スガノ氏とともに乗りにいくことにした。

いきなり空にとびだす

ふたりとも湘南モノレールの存在は知っているが、そんなに使ったことがないとのこと。そして、普通の人は存在自体知らないんじゃないかなと言っていた。

大船駅に集合し、構内に入ってさっそく面白かったのは、乗り場がとってもシンプルなことだ。終着駅なのにホームはひとつしかなく、モノレールが停まるところも床がちょっと低くなっているだけ。洗濯機用の防水パン並みの浅さだ。これが電車や跨座式のモノレールならば、プラットホームから落ちないよう注意が必要だが、ここでは落ちようもない。

さらに面白いのが、駅を出た先が空《そら》になっていることである。

電車であればそこには線路が続いているが、懸垂式モノレールの場合は、駅から出た途端、下には何もない。まるでバンジージャンプ台からの眺めのように、見ているだけで落っこちそうなのである。

やがて3両編成のモノレールがやってきた。

車体を見ると、微妙に下が細くなっている。つまり窓が外に向かって若干傾斜している。見下ろすのに適した形なのだ。

中に入って先頭までいこうとすると、車両の間が移動できなかった。安全のため連結部を渡るのは禁止されているようだ。

走り出してみると急カーブが連続し、揺れも電車より大きいから、なるほど連結部の鉄板に立っていたら蛇腹の袋のところに落っこちるところだった。

右手後方に大船観音の姿を見送り、道路の上をくねくね走って最初の駅、富士見町に到着。さらに次の湘南町屋駅までは、町なかをまっすぐ走る。その後アップダウンを繰り返しながら、湘南深沢駅へ。

このあたりは町がすぐ下に見えて面白い。ちょうどビルの3階か4階ぐらいを通過するのだ

見よ、この蛇行するレールを！

かなりぐねぐね

が、それほど高くないので、下をいく自転車のかごの中まで見える。

私は東京の多摩地区に住んでいて、多摩都市モノレールもときどき利用するが、あれは跨座式であり、それにくらべると懸垂式の湘南モノレールは高さが低い気がする。下にレールがない分、そうなるのだろう。夢の中で空を飛ぶときの高さが、ちょうどこのぐらいだ。

「ビルの中にいると、窓のすぐ外を走っていったりして、びっくりするでしょうね」

「結構、すれすれですもんね」

たしかに高架を走る電車では、ここまでビルに近づくことはない。

とはいえ、このあたりまではさほど変わったモノレールという印象はない。ダイナミックになるのは、この湘南深沢を過ぎてからである。

駅を出たモノレールはここから急勾配を上っていく。後に聞いたところによると、なんでも湘南モノレールの最も急な勾配は74パーミルだそうで、これは箱根登山鉄道の80パーミルに近い。モノレールってそんな角度で走るものだったろうか。

地面からの距離がかなり近い！

やがて両側に緑も多くなっていい感じだと思ったら、トンネルに突入した。懸垂式だから地面にレールがなく、先頭の窓から見ていると、まるで裸足で洞窟に入っていくような冒険感。そもそもトンネルの天井にぶら下がって走るというのが、変な感じだ。そして、このトンネルの中で、モノレールはぐんぐん加速しはじめた。

速い。

どのぐらい出ているのか、運転席を背後から覗き込んでみると、60km/hを超えていた。

モノレールで60km/h！

電車なら珍しくない速度とはいえ、すごいスピード感がある（これも後に聞いたところによれば、最高速度は75km/hだそうだ。速すぎるのではないか）。

トンネル内は下りだったが、次の西鎌倉駅を出たらまた坂を上りはじめた。上がったり下がったり忙しい。そしてその忙しさがまた遊園地の乗り物のようである。

片瀬山駅を過ぎると、左手にどーんと海が見晴らせた。

おおお、海だあ！

残念ながらこの日は少々薄雲っていたが、それでも海が見えれば気持ちがあがる。まるで脚本でも書いてあるかのよう

異次元にワープするかのようだ

な展開だ。

そしてそこから湘南モノレールは一転、急勾配を下っていく。

そう。もう明らかだろう。湘南モノレールはジェットコースターなのだ。

目白山下駅を出ると2度目のトンネルがあり、トンネルを出たら終点の湘南江の島に到着。

この湘南江の島駅も侮れない。

なんとビルの5階にある。

トンネルを抜けると、そこはビルの5階だった。って、いったいどんな地形なんだ。

約14分間の短い旅だったが、終わってみると激しいアップダウンや急カーブ、そしてトンネルと、交通機関というより遊園地のアトラクション、まさにジェットコースターのような乗り物であった。

こんなにめまぐるしい公共交通機関はそうそうないのではないか。

湘南江の島駅の駅舎

こんなに地面すれすれに走る区間もある

## なぜモノレールなのに、ダイナミックなのか

ひととおり乗ったら、われわれは湘南モノレール本社に伺った。

今回取材の許可をお願いしたら、車両基地もご覧になりますか、と逆に提案いただいたのだ。本社は湘南深沢駅から引込み線に沿ってほんの3分ほど歩いた場所にある。車両基地と一体になった建物である。

広報課を訪ねると、奥の応接室に通された。

そんな丁寧に対応いただかなくても、こっちの勝手な都合で取材をお願いしたわけで、と恐縮しつつ、シラカワ氏が北海道のおみやげ（なぜ北海道なのかは不明）を手渡すと、広報課の石川さんに「このたびは湘南モノレールを取り上げていただき、ありがとうございます」とお礼を言われ、うろたえてしまった。

お礼を言うのはこちら側であり、感謝されるようなことは何もない。

記事で取り上げるといっても、こっちは社会的、文化的、学術的見地で見にきたわけではまったくなく、企業探訪というわけですらなく、ジェットコースターみたいで面白いとか、ぶらぶらしてふざけた感じがするとか、子どもみたいな感想が言いたくて来たのである。もっと真

面目に紹介してくれと怒られても仕方がないぐらいだ。

と思ったら、広報課長を紹介され、ますます肝が冷えた。

存在感を消してさらっと取材するつもりだったのに、さらに「あとで社長の尾渡もご挨拶に参ります」と言われて、
ええええっ！

思わず、石川さんが席を外した隙にシラカワ氏に詰め寄った。

「シラカワさん、この連載の趣旨はちゃんと伝えてくれましたか。アホアホな連載だということは」

「ちゃんとURLくっつけてお願いしたので、理解していただいてると思いますよ」

「社長さん挨拶に来るって言ってますよ。ジェットコースターとか書いていいんですか。うちはそんな危険な交通機関ではありませんって怒られるんじゃ……」

「大丈夫ですよ、ほら」

とシラカワ氏が指差したのは資料としていただいたパンフレットで、「便利・楽しい・湘南モノレール」と題された項を読んで、私はのけぞった。

《最高速度75km/h。アップダウンの激しい土地を走るため、トンネルありカーブあり急勾配あり、遊園地のジェットコースターを思わせるアトラクション感がたまらない。》

なんと。

**＜湘南モノレール・アップダウン図＞**

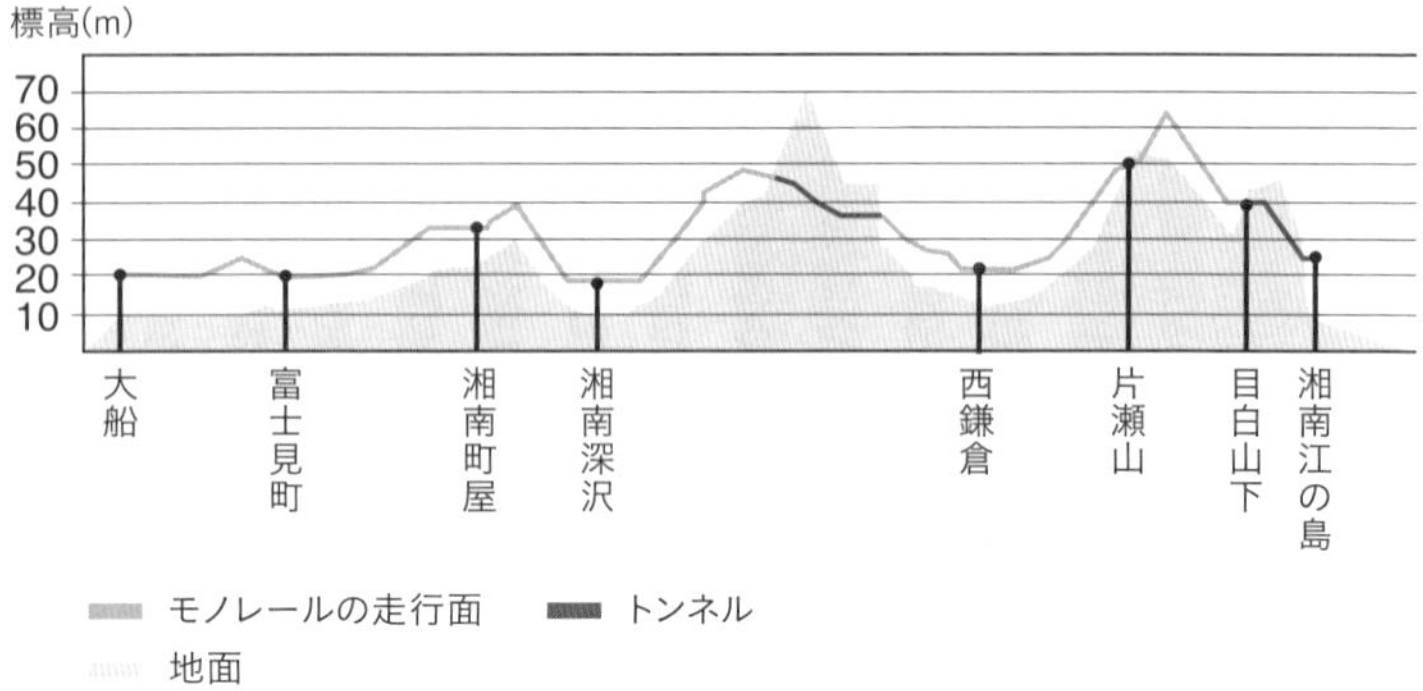


自分で書いとるがな。

パンフレットには、さらに丁寧に〈湘南モノレール・アップダウン図〉まで載せてあった。

おおお、なんて素敵な図。素敵すぎる。まさにこのような詳しい高低差が知りたかったのだ。というか、そんな方向性でいいのか湘南モノレール。ジェットコースターとか自分で言っていいのか。

小さなリーフレットにも、《スゴイ。まるでジェットコースター！》と書かれ、件の〈湘南モノレール・アップダウン図〉が載っていた。

惚れた。惚れたよ、私は。

この図を見ると、湘南モノレールの最高高度は60メートル余。最低が20メートル弱だから、40メートル以上の高低差を走り抜けているわけである。途中2つの山を越え、トンネルが2か所、終点の湘南江の島駅のあたりはまさしく崖になっていた。これを見るだけでもアトラクション感が伝わってくる。

それにしてもモノレールで最高速度75km/hは速過ぎるのではないか。そんなにかっ飛ばしているモノレールを他で見たことがない。

などと食い入るように図を眺めていると、尾渡社長が出てこられたので、あ、このたび記事を書かせていただきますライターの宮田です、よろしくお願いいたします。

尾渡社長のお話によると、湘南モノレールは2015年より株主が変わり、新たな体制で再スタートを切ったのだそうだ。

車両も新型に徐々にとりかえ、さらなる乗客の獲得を期しているわけだが、ネックは知名度だという。鎌倉には年間2000万人もの観光客がやってくるが、湘南モノレールの利用客数は1000万人、しかもその8割は地元の通勤客である。ざっくりとした計算で観光客2000万人中、たった1割の200万人にしか利用されていないことになる。

知名度のなさについては、実に思い当たる。私も何度も鎌倉に行ったことがあるが、湘南モノレールの存在を知ったのは相当通ってからだった。そして存在を知った後も、なかなか乗らなかった。江の島には江ノ電も小田急も走っており、選択肢が多くて、わざわざモノレールを選ぶ理由がなかったのだ。

ところがあるとき、途中駅に住む後輩の家を訪ねるために乗ったら、あまりのダイナミックさに驚いてしまった。

これ、乗ってるだけで面白いんじゃないの。

これは終点まで乗りたいと思い、幼い息子を連れて、もう一度乗りにいった。

「おかげさまで、通勤通学には多くのお客さまにご利用いただいているのですが、昼間と休日が空いている。観光に利用してくださる方がまだまだ少ないのが現状です」

私に言わせれば、湘南モノレールに通勤通学は似合わない。遊びで乗ってこその懸垂式である。なんのためにぶらぶらしてるのかという話だ。

観光客を増やすなら、床をガラスにしたシースルー車両を走らせるとか、ジェットコースターのように壁を取り払ったオープンカーを走らせるとかアイデアがいろいろ浮かぶが、新しい車両を造るのは大変だから、やはりまずはこのアトラクション感あふれる乗り心地を宣伝するのが早道だろう。そういう理由もあっての〈湘南モノレール・アップダウン図〉なのだ。

それにしても、なぜモノレールなのに、こんな果敢な走りが可能なのだろうか。

モノレールといえば普通はもっとのろまで、ゆるゆる走るイメージがある。走りが遅いのは、安全を考えてのことだろう。跨座式モノレールを見ていると、猛スピードでカーブを曲がったら、遠心力でレールから落っこちそうである。さらに急勾配を上れるのも予想外だ。

その点について尋ねると、懸垂式モノレールならではのメリットについて教えてくれた。

懸垂式の場合、たとえ車体が遠心力でふられても、もともとぶら下がっているから、跨座式のようにレールから落っこちる心配がない。

なるほど。

これは風に対しても同じで、懸垂式は強い横風がきても落ちる心配がなく、悪くてもぶらぶらするだけである。しかもレールそのものがカバーに覆われているので、雪や雨で濡れてスリップすることがない。カバーの中には大きなゴムの車輪があって、鉄道などに比べてもグリップがしっかりしている。なので上り坂にも強い。

つまりこのダイナミックなコースは、懸垂式だからこそ走行可能なのだった。

そういえば、ジェットコースターにもレールの上を走るトロッコ型のものと、レールの下を走るリフト型のものがあって、後者をインバーテッドコースターと呼び、インバーテッドのほうがトロッコ型よりも急カーブやループが多い激しい動きをするのが特徴になっている。人がレールの下にいるほうが、ふり回しやすいのである。

ぶらぶらは、ふざけているのではなく、ダイナミックさをつくりだす源なのだ。

## 湘南・鎌倉スペクタクルさんぽ特選コース

われわれはこの後、石川さんに本社の上の車両基地を案内してもらった。

大きなスペースに2台のモノレールが停車していた。

印象的だったのはタイヤである。普段はカバーに隠れて見えない屋根の上に、バスやトラック並みの大きなゴムタイヤがたくさんついている。

変わった眺めだけれども、タイヤを見ているうちに、むしろなんだか普通のことに思えてきた。

ここに来るまで、モノレールはもっと電磁的な何かで動いているように勝手に思い込んでいたが、こうして見ると路線バスとそんなに変わらない。

タイヤがずらり

しかも車両を洗浄するときは人がモップで洗うというので驚いた。カーウォッシャーのように巨大タワシみたいなものが回転してぐわあああっと洗うわけではないのだ。

全体にもっと未来的な仕掛けに溢れてるのかと思っていたら、予想以上にアナログである。逆に言えば、それだけ技術的に手堅いとも言えるが、個人的には、正体不明の巨大マシンがあったりして、

「これは何ですか?」

「企業秘密なので、教えられません」

# 第3章
## ジェットコースター・モノレール

「この扉の向こうには何が？」

「これ以上は、残念ながらお見せできません。お引き取り願います」

「あ、あそこに何か光ってますね」

「おおい、お客様がお帰りだ。玄関までお送りしろ！」

みたいな謎とサスペンスに満ちた車両基地であってほしかった気がしなくもない。

まあ、仕組みはどうあれ、乗ったら面白いんだから贅沢は言うまい。

お礼を言って本社を後にし、われわれはせっかくなので、もう一往復乗りにいった。やはりクライマックスはトンネル内の猛スピードと、片瀬山付近の眺望だ。

広報の石川さんは、仕事のない日は、ときどき朝7時台のモノレールに乗り、湘南方面へモーニングを食べにいく、と言っておられた。

「そのとき、この片瀬山から見える夜明けの白茶けた海がとてもいいんです」

いいなあ。それこそまさにスペクタクルな休日ではないか。

朝一番で、まず大船観音にお参りし、そこから湘南モノレールでジェットコースターな気分を味わいつつ江の島へ。モーニングを食べたら、水族館で海の生きものを見たりお寺で仏像を見たりし、その後江ノ電で住宅すれすれに走って帰る。

それこそ、特上の湘南・鎌倉スペクタクルさんぽと断言できる。

# 第4章

# もりあがる彫刻（波の伊八編）

## 人はなぜ社寺彫刻を見ないのか

これまで散歩してきた地底湖や地下発電所は、いわゆる絶景だった。モノレールだってダイナミックだった。

なので私は絶景好きと思われているかもしれないが、そうではない。まあ絶景でもいいんだけども、私が求めているのはスペクタクルであり、スペクタクルというのは、見せる、見た目がすごい、という意味であって、それは絶景だけの話じゃないのだ。

今回は彫刻を見にいこうと思うのである。

神社仏閣の欄間や軒下などにある社寺彫刻。

何それ、地味～、とか言ってはいけない。

一見地味なようで、よく見ると思いのほかスペクタクル。それが社寺彫刻だ。

思えば神社仏閣はみな行くけれど、軒下にひっそりとたたずむ彫刻をじっくり見る人は少ない。

暗くて見えなかったりするし、高すぎてよく見えないこともあるし、うまく見ることができてもスペクタクルじゃない彫刻もある。理由はいろいろ考えられるが、何よりあれを見る意識がそもそもない。

思い出してみてほしい。

お寺のお堂の賽銭箱の上、あのガランガランと鳴らす大きな鈴を取り囲むようにして、龍だの花だの天女だのの彫刻があるのだが、あれをじっくり鑑賞してみようと思ったことがあるだろうか。

柱の上のほうに象や獅子みたいな動物の顔が出っ張ってたりするけれども、あれを見て、お、ナイス象！　とか思ったことがこれまでに一度でもあっただろうか。

なかったと思う。

ほとんどの人はないだろう。私もだ。

社殿やお堂の前に立つとき、人はいろんな思いで頭がいっぱいで、彫刻など眼中にないのだ。そんなに深刻じゃない人でも、意識はそれなりに奥に向かって集中しており、頭の上が面白いことになっている事実に気づかない。

一方で、同じ彫刻でも仏像などは、手を合わせる対象そのものだから、視野の中心にあって、小さくても暗かったりしても見る。仏像に興味がなくても、その姿がどんなふうか一応見る。べつに決まりがあるわけではないが無意識にそうなのだ。

これは、男女が道ですれちがうとき、ただの通りすがりであって恋愛対象になる可能性はなくても、どんな顔かちらっと「見てみる」ようなもので、見て得することはべつにないものの、そうはいっても一応見てみないことには無意識レベルでおさまらないのである。

他方、社寺彫刻は、めいっぱい着飾って気を引こうとしているにもかかわらず、見てもらえない。なぜあいつには自然と人が注目するのに、私はいつもスルーされるのか。おのれ仏像爆発しろ、と思ってるかどうか知らないけども、同じ彫刻なのにこの差はなんとしたことであろうか。

私もはじめは仏像や神像にだけ目がいっていた。装飾のほうは存在は知っていても、まるで眼中になかった。どうでもよかったのだ。

学校でたとえれば、隅っこでぼそぼそしゃべってる地味なグループみたいなイメージ。そのなかに自分の恋愛対象がいるとは考えてみたこともない。

それが、あるときを境に気になりはじめたのである。

きっかけは、あるフランス人作家の本だった。その本に、日光東照宮の彫刻にクラゲがいると書いてあったのだ。クラゲなんかいたっけな、とふしぎに思い見にいったところ、なんと彫刻全体が滅法面白かった。

そのときの顚末は別のところで書いたので繰り返さないが、以来社寺彫刻が気になるようになったのだった。本当に大切な人は実はすぐそばにいた、みたいな感動があったのである。

喜びとともにあちこち調べてみると、日本全国にものすごい社寺彫刻が埋もれていることがわかってきた。当たり前だが、どれもが全部素晴らしいわけではない。仏像と同じで、ナイスな社寺彫刻はあるところにしかない。なので見るべきものを見にいかなければ感動は味わえないわけだが、例をあげると、たとえば新潟の西福寺、埼玉の妻沼聖天山歓喜院聖天堂など、これまでは地元の人以外注目していなかった、そういう彫刻が、観光資源として続々と日の目を見はじめている。

社寺彫刻を見にいく旅。

……新しいのではないか。

なぜみんなもっと注目しないのか。

というわけで、私が率先して見にいくことにした。

千葉県にすごい彫り師の作品が残っているのだ。

彫り師の名は、波の伊八。

厳密には「初代」波の伊八、武志伊八郎信由《のぶよし》である（伊八は五代までいる）。

伊八郎信由は、宝暦2年（1752年）安房国長狭郡下打墨村（現在の鴨川市）に生まれ、彫物大工として安房・上総を中心に多くの装飾彫刻を残した。

なにしろ波の伊八というぐらいだから、波を彫ればすごかったらしい。

関西の彫工たちに「関東に行ったら波を彫るな」と言わしめたその彫刻の腕前は、実際に馬で海に入って波を横から観察することで会得したと伝えられる。

馬ごと海に！

おおお、スペクタクルの予感がするではないか。

## 日本最優秀の龍

今回は4人での散歩である。いつものメンバーにシラカワ氏の先輩である編集のニシ氏を加えて、JRの茂原駅からスタートした。

ニシ氏が唐突に合流した理由は不明だ。大きな麦わら帽をかぶって水玉模様の服で現れたところを見ると、われわれの散歩は編集部内でバカンスのようなものとして認知されているのかもしれなかった。

ためしに他の人の連載を読んでみると、みなもっと格調高いことを書いていて、私の連載だけが浮いているように感じられる。

まあ、連載が7本あれば、そのうち1本は日曜日みたいな記事がある。そういうものだ。そしてこの連載こそが日曜日に相当している。ニシ氏の麦わら帽はそのことを暗に示していた。読者もゆめゆめこの連載に格調高い内容を求めてはならない。

そしてここで恐れていた通りというべきか、取材を始めるにあたってシラカワ氏より、今回の取材先について、よくわからないという声があがったのである。

「彫刻ってスペクタクルなんですか？」

「見事な彫刻を見ていると、そこに別世界があるような感じがするじゃないですか」

「それがスペクタクル？」

「ただ彫刻があるというだけでなくて、それによって脳の中で異世界への通路が開かれる感じがする。その広がりがスペクタクルなんです」

「んー、わからないでもないですが」

江戸川乱歩の小説に『押絵と旅する男』というのがあるが、私はまさにその話に出てくる押絵の美女に恋して自分も押絵になってしまった男のように、彫刻の中の世界を見たいのである。そうやって、見ることで現実を超えることができるものは、なんだってスペクタクルなのだ。

「そんなふうに考えてなかったです。もっとダムとかでっかい吊橋とか見て回る連載かと思ってました」

シラカワ氏はやや混乱しているようだ。私としては連載スタート時から彫刻も念頭にあったのだが、編集者の思惑には含まれていなかったらしい。

たしかにダムとか吊橋がスペクタクルというのはわかるが、私はもう少し広い意味でスペクタクルをとらえたかった。巨大な土木構造物を見てそれをスペクタクルというとき、それはただでかいからというだけではないと思うのである。でかいことによって何かある感情が胸に沸き起こったとき、そこにはじめてスペクタクルが生じる。

不気味さとか恐ろしさとか恍惚感とか、どういう感情かは対象によっていろいろあるだろうが、私なりの定義では、現実を超える何かをイメージさせる、非現実的もしくは非日常な味わいがあること、そういうものをスペクタクル物件と呼びたいのである。

そのあたりあらかじめシラカワ氏ともっとすり合わせておくべきだったかもしれない。

と、そのとき、不意に横から斬新な意見が発せられた。

「いいんじゃない。スペクタクルじゃなくたって」

ニシ氏であった。彼女はにこやかな表情で、

「ただのさんぽでいいじゃん」

と言い切ったのである。

ただのさんぽ！

こらこら、人が真剣に考えているのに、何てこと言うかな。

まあたしかに私のこだわりなど読者の知ったこっちゃないのかも。

納得いかないものはあるが、そのひとことでシラカワ氏も私もなんだかどうでもよくなり、何だってどうだっていいさんぽということで、話はまるく収まったのである。

結果オーライだけど複雑な気分ではある。こうなったら自分ひとりだけでもスペクタクルを追い求めていきたい。

# 第4章
# もりあがる彫刻（波の伊八編）

さて、伊八の彫刻は房総半島のあちこちに散在しているため、今回もスガノ氏の車に乗ってまわることにした。

初代伊八の作品が残る寺社は、小さい作品を含めると数十もあってとてもすべてはまわりきれない。それでここぞという数か所に絞った。

最初に目指すのは、茂原駅から少し内陸に入った称念寺だ。

ここの本堂内部正面の欄間にある「龍三体の図欄間三間一面」がものすごいのである。今回の伊八めぐりのメインテーマはこの龍と言ってもいいぐらいだ。

ただ本堂内には入れないので拝観はガラス越しになる。ガラス越しでも見られるならばそれでいいことにして出かけてみると、寺そのものには境内の囲いもなく自由に入ることができた。

朱塗りの立派な山門をくぐり、本堂にたどりつくと、これも朱に塗られ、まわりにこみいった彫刻が彫られている。

そうそう、本堂の軒下は、こみいってなくちゃはじまらない。

だが、今はそんなのは放っておいて、ガラスに手を当てて中を覗いてみると、
おおおお！

いたいた、スペクタクルな龍が。

龍は中央欄間に取りついていた。というか、彫ってあるのだが、まさに取りついていると言いたいような生々しさだ。

真ん中に、赤い稲妻を散らしながら巨大な青龍が波に乗ってこちらを見据え、右に赤龍、左には白龍。それらの体がうねりのたくって、青龍の体などは欄間をはみ出し、梁をのりこえ、天井にぶつかってとぐろを巻いている。あまりにはみ出しているため、いったいどこまでが欄間で梁で柱なのか、よくわからないぐらいだ。はみ出しすぎではないか。

欄間彫刻というのは、たいてい一枚板を立体的に見えるよう工夫して彫るが、そういう小手先の技を捨て、立体も立体、天井の下に本物の大蛇が蠢《うごめ》いているようである。

看板の説明書きを読むと、明治の巨匠小倉惣次郎が「日本最優秀の龍」と推賞したとあった。

なんと、あの巨匠小倉惣次郎が！

って全然知らない人だけれども、日本最優秀というのは決しておおげさじゃない。描かれた龍、彫られた龍すべてひっくるめて、日本最優秀なのかもしれない。

町の有形文化財の指定を受けているとあったが、その程度の指定でいいのかという思いだ。ウサイン・ボルトに町内運動会のメダルをあげているような話ではないのか。もっとどーんと大盤振る舞いでもいいんじゃないか。

「すごいですよ、これ。お金取って見せてもいいぐらいでしょう」

「生きてるみたいですね」

「京都にあったら千円は取ってるな」

本来ならば、当然ここは写真でその迫力を伝えたいが、撮影できなくて実に残念だ。

せめて絵葉書でも売っててくれれば買うのだが、絵葉書どころか売店も納経所もなかった。

ううう、写真集があってもいいぐらいなのに……。

「じゃあ、宮田さんのイラストで」

って、こらこらシラカワ氏、気軽にいうな。

この迫力をイラストで再現できるわけがないのである。プロの画家でもこの躍動感を写しとることは不可能だ。ましてイラストレーターでさえないこの私が。

龍三体

ということで描いてみました。

んんん、われながらなんと真に迫る絵であろうか。

驚異の大迫力を感じてもらえたら幸いである。

ともあれ、これほどの大傑作がこんな房総半島の田舎にポツンとあることに驚く。日光東照宮の国宝「眠り猫」なんて目じゃないのである。

のっけからのスペクタクルに、やはり社寺彫刻がただものではないことがわかった。可能ならもっと近くで見たかったが、波の伊八作品は他にもあるので、今後に期待することにしよう。

そういえば、龍に気をとられて、本尊が何だったか見るのを忘れていた。それはつまり、ふつうなら仏像に圧倒的差をつけられてスルーされる欄間彫刻が、ここでは仏像を食ったということである。

## ゴッホは伊八の影響を受けていた？

次いでわれわれが向かったのは、いすみ市の行元寺《ぎょうがんじ》だ。

ここは伊八の欄間彫刻「波に宝珠」で有名である。

「波に宝珠」ってことは、波の伊八の波が見られるということだ。

波の伊八の波！

これを見ないわけにはいかない。

行元寺に到着すると、大きな駐車場が設けてあり、そこらじゅうに看板を出して宣伝に努めていた。

伊八だけでなく、高松又八だの五楽院等随といった知る人ぞ知る……んだろうけど私は知らない名前が書かれた派手な看板が参道にどかどか並んでいる。こんなに看板いらないだろ、雰囲気ぶち壊しではないか。商店街じゃないんだから。

そもそも高松又八とか五楽院等随っていったい誰なのか。それも看板に書いてありそうだったけど、めんどうなので読まずに先へ進んだ。

立派な山門をくぐり境内に入ると、平日は予約なしでは見学できないと表示が出ていたが、年配の女性がおられたので案内を乞うと中に入れてくれた。ありがたい。

本堂の欄間彫刻がなかなか立派だ。彫ったのは高松又八。ああ、これがかの有名な……ってさっき看板で見ただけだけど、この人も名工であるらしい。派手な彩色が美しかったが、波の伊八に気がはやってよく見なかった。伊八の波は、本堂ではなく旧書院のほうにあるようだ。

参道にどかどか並ぶ看板

廊下を通って旧書院へ通してもらうと、小さな部屋に5枚の欄間彫刻があり、そのひとつが「波に宝珠」だった。

これが伊八の波か。って、しばらく見ていたが、なんだかピンとこない。ピンとこないけど、こういうものは神妙な顔つきでふむふむ頷きながら見るのが通例だから、神妙に見た。ふむふむ。

まるで葛飾北斎の『富嶽三十六景』のひとつ「神奈川沖浪裏」のような、どっぱーんとした波が彫られ、丸い宝珠が浮いていた。写真撮影禁止だったので絵で描いてみると、こんな感じである。

波に宝珠

……ま、とにかく波が彫られているわけだが、さっきすごい龍を見てきたせいか、あんまり感動がない。こんなことを言っていいのかどうかわからないが、波なんてどこでもこうなんじゃないの？

考えてみると私は伊八以外の波がどんなふうだったか、よく覚えていないのだった。そんなに細かいところまで丁寧に見たことがなかった。

行元寺のパンフレットには、北斎の「神奈川沖浪裏」は、北斎がこの欄間に出会ってできたと記されている。そして北斎の浮世絵をゴッホが見習い、さらにギュスターブ・クールべら西洋画の巨匠たちへとその技が伝播していったのだと。伊八からの北斎、北斎からのゴッホ、そしてクールべ。

つまりこのタイプの波を世界で最初に描いた（彫った）のが伊八である、伊八グッジョブ、と、そう言いたいらしい。

ゴッホ、波なんて描いてたっけ。少なくとも私の記憶にはないが、もしこの通りだとすると、どこでも見られると思ったのは、みんながこの波をマネしたからということになろうか。

つまりこれこそが「元祖、波」なのだ。なるほど。

ここで改めて依頼品を見てみよう。

波は中央から左に向かって大きく盛り上がり、上部はぐるっと覆いかぶさるように弧を描いて今にも砕けんばかりである。北斎のように波頭がチリヂリに砕け散ってはいないが、その構図はまさにあの「神奈川沖浪裏」そっくりと言っていい。

そして中央に浮かぶ丸い珠。これは、ええと、大きさから判断して、二人乗りの深海艇が浮上してきたか、もしくはわざと海に落下させた宇宙船の帰還カプセルのようなものだろうか。んんん、やっぱりどうもピンとこない。この宝珠が感動を殺《そ》いでいる気がする。波に比べて彫るの簡単そうだし、スペクタクルを感じないのだ。

伊八の代表作ということで見にきたが、そういう事前情報なしにこれを見たら記憶に残らなかったかもしれない。ただこれが元祖であるなら、軽んじることはできないだろう。最初の一歩というのは、1を10にするよりも大変なことだからだ。

礼を言って本堂を出ると、正面の休憩所みたいな場所に、「このボタンを押すと波の伊八の音楽が聞けます」と書いてあって、どんな幻想的な音楽かと思ってすかさず押してみた。

飛龍《りゅう》の目玉が　キラリと光り
動かんばかりに迫りくる
波を彫らせりゃ　日本一

神社仏閣　諸国を巡り
数多の名作《しごと》を世に遺す
波の伊八が　今熱い

……演歌だった。

こんな調子の歌詞が3番まで壁に書いてあった。波の伊八が今熱い、と最後は広告のコピーみたいになっている。ボタンを押した手前、最後まで聴くべきかとも思ったが、そういえば「飛龍の目玉がキラリと光り」あたりで重大な用事を思い出したので、足早に駐車場に戻ったのであった。お出かけの際は、ここで「波の伊八」の音楽をお楽しみください。

休憩所の名も伊八亭

## すぐれた社寺彫刻は3Dである

飯縄寺《いづなでら》は太東埼にほど近い天台宗の古刹。本堂に初代伊八の最高傑作とも称される欄間彫刻「天狗と牛若丸」がある。最高傑作と聞けば見ないわけにいかない。

飯縄寺はあらかじめシラカワ氏よりご住職に取材を打診してあり、写真も撮影の許可をいただいている。訪ねると、村田住職と奥様がいっしょになって案内してくださった。

寺は海沿いの里にあって、境内に入ると意外に緑が深く、それでいてぽっかりと明るく、どこかの南国に来たような雰囲気である。

まずは「天狗と牛若丸」を拝観すべく本堂に向かうと、遠くから見ただけで、正面軒下にわしゃわしゃと彫刻が施されているのが目に入った。いい感じにこみいっている。やはり軒下はこうであるべきだ。近づくとそれは龍であった。さらにその奥には赤と青の天狗面が懸けられ、その形相がすさまじい。本題に入る前から豪勢で、気がはやる。

階段をあがって中に入ると、目指す「天狗と牛若丸」が正面頭上にどーんと姿を現した。

おおお……。

思わず声が出るほど、すごい迫力。

天狗と牛若丸

インターネットでも画像がアップされているのでどんなものかは見て知っていたが、実物とネット画像では盛りあがり方が全然ちがう。

天狗も松も牛若丸も、左右に踊る龍も、もりもりに盛りあがっていた。

称念寺の龍三体もそうだったが、その盛りあがり具合たるや、一枚板から彫りだされたとはとても思えないほどだ。

社寺彫刻、とりわけ欄間や、お堂の横壁にあたる胴羽目と呼ばれる部位の彫刻は、二次元の板を彫っていかに三次元的に見せるかが勝負であり、すぐれた作品はそれが板の厚みを越えて盛りあがってるように感じられる。実際にはそんなわけはないのだが、そう見える。言ってみれば3Dである。

「天狗と牛若丸」は、めちゃめちゃ3Dであった。

そして村田住職がおっしゃるには、左右の龍が波に乗っているが、その波をよく見ると、左の波は穏やかだが、右の波は荒々しい、伊八が波を描き分けているということであった。

言われてみれば、なるほどちがう。左もそれなりに荒々しいが、それはサーフィンできそうなぐらいの波であり、右は大シケである。それは大きくうねり、のたくって、空中でねじれ、らせん状に立ちあがったりしてありえない姿になっていた。だがそんなことは問題にならない。すごい躍動感。

んんん、これが伊八の波か……。

行元寺では微妙に思えた伊八の波だったが、やっぱりすごいのかもしれない。そんな気がしてきた。大胆で、かつ精緻なのである。

ご住職によれば、伊八の彫りかたの特徴として、木目を最大限に活かすという点があるそうだ。精緻に見えるのも、木目をうまく活かし、シンプルに彫ったものでも幻想的に見える工夫がされているからだという。

たしかに、天狗や牛若丸の腕や膝や衣装を見ても、木目がきれいに活きている。そのせいで実物以上に立体的に見えるのだろう。

しばらく見とれたあと、ご住職夫妻がお茶をふるまってくださった。そのときに、やはり北斎は伊八の波を参考にしたはずだという話を聞く。三省堂の英語の教科書にも載っているのだとか。事実北斎はこの地を旅しており、伊八の波を見た可能性がかなり高いらしい。

伊八→北斎→ゴッホ説は、まんざら妄想でもなかったのだ。

そして伊八が実際に馬で海に入って波を観察したのは、まさにこの近くの太東埼でのことだったらしい。

波の伊八、侮りがたし。

波と龍（左）

波と龍（右）

波の細かなうねりを木目で表現

いいものを見た。

このあと寺に伝わるマリア観音なども見せていただき、最後は、昨今の世相の話になって、ご住職に「最近若い人の自殺が増えている。そういう人たちが未来に希望を持てるようなことを書いてください」と言われたのだった。突然の責任重大な期待にうろたえたが、そういうことなので、若者はこのバカンス的な連載を読んで自殺を思いとどまるように。

## 伊八の特徴は、細やかさ

お世話になった飯縄寺を退出し、ちょうど昼も回ったところだったので、昼ごはんにしようということになった。聞けば、このあたりには伊八にちなんだご当地グルメがいろいろあるようだ。伊八丼、伊八定食、伊八御膳などなど、どれも地元で獲れた魚をベースにした料理で、伊八はすでに地元では大ブレーク中なのだった。そんななか私が食べたのはおふくろの味定食。

こらこら、そこは伊八食えよ、という声もあろうが、個人的に食いたいものを食ったのである。

バカンス・ニシ氏はここで帰り、残る3人で鴨川の大山寺へ向かう。

大山寺の不動堂に、伊八が龍を彫っている。

お堂は山の中腹にあり、森閑とした境内からは青々とした里の景色が見晴らせた。

「千葉にいるとは思えない。四国かどこかのようだ」

とスガノ氏が言った。そのぐらい山深い眺めだった。

この大山寺も、称念寺と同じように無住である。他のお寺によって管理されており、案内をお願いすると、そちらのご住職がわれわれのためにわざわざ来てくださった。

伊八の龍は向拝《こうはい》付近に飛龍と地龍の2体あり、地龍が大きい。正面軒下の水引虹梁《こうりょう》と呼ばれる梁にあって、これまでになく目玉がぐりぐりしている。胴体もどっしりと太く、これまでに見たものと比べて、マスコット感があふれていた。つまり簡単に言うとかわいい。そう見ると、伊八らしくないようだが、飛龍のひげが細くうねりながら伸びる鋭さは伊八ならではと思う。

お堂内部にも伊八の作と考えられている龍の彫り物があり、こちらのほうはさすがの精緻なつくりであった。

大山寺の飛龍と地龍

同じお堂でもいろんな彫り師が関わっている場合があり、そういうところではそれぞれの違いを見ることができる。もちろん、パッと見た感じではよくわからない。どれもよくできた彫刻だなと思うだけだ。

ただこれまで見てきた印象で言わせてもらうと、伊八の彫ったものは線が細かい。たとえばここの飛龍のひげなど、あまり細くすると折れてしまいそうな部分も、がんがん削って細くしている。よくぞ途中でポキッと折れなかったものだと思う。

波が評価されるのも、波の先端を丸めないで枝分かれさせていく細かさにあるのではあるまいか。ふりかえってみると、あまりピンとこなかった行元寺の波も、細い線で構成されていた。あれはやはり画期的であったのだ。

ほんの4つの寺を回っただけだが、波の伊八は期待通りスペクタクルだった。もともと社寺彫刻そのものが、よくよく見れば、仏像などと同じように見応えがあるものであり、そのなかでも技術が卓越した彫り師の彫刻となれば、それは面白くて当たり前なのである。

今まであまり注目されてこなかったのは、ただそれを見るものとしてみんなが認知しておらず、作品としても日光東照宮の「眠り猫」ぐらいしか知られていなかったからにちがいない。

私は「眠り猫」が国宝なら、伊八の「龍三体の図欄間三間一面」も「天狗と牛若丸」も国宝以上なんじゃないかと思う。

「どうでしたかシラカワさん、彫刻スペクタクルだったでしょう?」

お堂の内部を特別に見せて頂いた。すべてが伊八の作品ではないが、こちらももりもりと立派な彫刻がたくさん彫られている

伊八の手によるものと言われる

「んんん、スペクタクルと言われると、どうでしょう。でも昔このへんにこんなすごい彫り師がいたんだなと、それは勉強になりました」

「それだけですか。彫刻を見て異世界に誘われるような感じとかしませんでしたか」

「ごめんなさい。私リアリストなんで」

まあ、いいや。

最後に私は、伊八とは違う、この房総半島で名をはせたもうひとりの彫り師の名を挙げておこうと思う。

その名は後藤義光。

次は後藤義光の彫刻を見にいくことにする。（つづく）

※こちらで紹介した寺社彫刻は、一部を除き一般に見られるものですが、所有者や周りに充分ご配慮のうえ、ご覧ください。

# 第5章

# ますますもりあがる彫刻（後藤義光編）

## 優れたごちゃごちゃ、題して、うじゃうじゃ

スペクタクルというのは、何も絶景や巨大なものだけを言っているわけではないのだった。見応えがある場所や、見てびっくりするものに出会うことがスペクタクルさんぽの目的である。今回も前回に引き続き、神社仏閣にあるすごい彫刻を見にいくことにしたい。

房総半島の社寺彫刻界には、波の伊八と並び称されるもうひとりの名工がいる。

その名も後藤義光。

後藤義光は、波の伊八に遅れること半世紀余の文化12年（１８１５年）、安房国朝夷郡北朝夷村（現在の南房総市）に宮大工の長男として生まれた。幼い頃から彫刻の才能を発揮し、28歳のときに手掛けた横須賀市の浦賀にある西叶《にしかのう》神社の装飾で一躍その名を轟かせたという。南房総を中心に、神社仏閣の社殿やお堂だけでなく、神輿《みこし》や山車《だし》にも多くの彫刻を残しており、２０１５年には館山市で生誕２００年祭が催された。その際、義光の神輿が一堂に会したらしい。

２０１５年って、こないだではないか。

まったく知らなかった。

# 第5章
## ますますもりあがる彫刻（後藤義光編）

そういう大事な話は先に教えてほしいものだ。

んんん、たぶんネットには載っていたのだろう。だが知らないものを検索する人間はいないのであって、そういうときは私の肩をポンポンと叩いて、今度後藤義光という彫り師の祭りが館山でありますよ、それはそれはたいした彫刻なんですよ、と誰かがきっちり口で伝えてくれないといけない。しかもその誰かは、知らない人だとキャッチセールスと思うから、それなりに親交がある人でないといけない。そうしないと館山にそんなスペクタクルなものがあるとは気づきようがないのである。

「船橋から先は秘境だと思ってました」

シラカワ氏にいたっては房総半島で起きていることなどどうでもいい感じだ。

この連載を通じてだんだんわかってきたが、どうやらスペクタクルは、われわれのよく知らないところで密かに進行しているのであった。

きっとこうしている間にも、われわれの知らないスペクタクルが、どこかで大々的に盛りあがっているにちがいない。誰か知っている人がいたら、ぜひ私の肩をポンポンしてほしい。

まあ今さら過ぎたことを悔やんでもしょうがないので、義光の社寺彫刻を中心に見てまわることにしよう。

まず資料を読んでみると、義光彫刻の特徴について、荒仕上げの中にやさしさがある、木目を巧みに生かした美しさ、などとどうとでもとれる美辞麗句が並んでいた。それはそうなんだろうが、具体的にどのへんがすごいのか書かれていない。思えば、武志伊八郎信由が波の伊八と呼ばれているのに対し、後藤義光のほうは後藤義光のままである。

シラカワ氏も、

「後藤義光……会社にいそう」

とかいってピンときてないようす。

たしかに監査役とか、執行役員とかにいそうな名前であるが、社長ではない気がする。なんとなくだけどそんな気がする。

そしてこの後藤義光、なんと、二代三代と、引田天功みたいに何人もいるのだった。

芸事の世界ではよくあることで、伊八もそうだったが、それならもうちょっと華のある名前というか、ありふれてない感じの名前のほうがいいのではないか。せめて初代義光には何か通り名がほしい。○○の義光とかっこよく呼びたいではないか。

名前の件はひとまず措き、われわれが最初に訪ねたのは、館山市の山中にある小網寺である。ネットで検索したら彫刻が濃そうだった。

小網寺は人里離れた森の中にある。車を降りたとたん、ウグイスなどさまざまな鳥の鳴き声が聞こえて、のどかな雰囲気に包まれ、突然なんかいろいろめんどくさくなった。このままここで昼寝したい。

だが、そんなことを言っていては話が進まない。

## 第5章
# ますますもりあがる彫刻（後藤義光編）

遠目からも、蠢くような彫刻がよくわかる

山門をくぐって境内に入ると、大きくて重たそうな屋根の小網寺本堂がそびえていた。その軒下の暗がりに、見えるぞ、見える見える、彫刻が蠢いているのが。

近づいてみると、正面の大きな虹梁に松をあしらい、その上に龍の親子がのっていた。すごい存在感だ。見ただけで、どっしりとした圧力のようなものが伝わってくる。

親子龍は、伊八の龍と同じように、ぐいぐい盛りあがって梁の厚みをはみ出していた。この大盛りの立体感が名彫刻の証なのだ。伊八の龍もそうだった。

んんん、こんな寂しい森の中にこれほどのスペクタクルが埋もれているとは。房総半島侮れん。

親子龍のほかにも、スズメや亀や鯉などさまざまな生きものが彫られていた。柱の上の手挟と呼ばれる部分には鳳凰の姿もある。そしてなぜかこの鳳凰の目つきが妙に怖い。

よく見ると鳳凰だけでなく、スズメも亀も目つきが鋭く、怒っているかのようだ。これが義光彫刻の特徴なのか。

「にらみの義光ですね」シラカワ氏がさっそく通り名を考えた。

「メンチ義光」とスガノ氏も対案を出す。

たしかにそのぐらい厳しい目つきだ。

一方で私は、最初にこの本堂を見た瞬間のうじゃうじゃ感も気になった。

社寺彫刻を気にするようになってから、神社仏閣にも彫刻がごちゃごちゃと豪勢なところと、シンプルなところがあるのを知った。当然、シンプルより、ごちゃごちゃのほうが見応えがあるわけだが、ごちゃごちゃと彫刻が過剰なところでも、彫りが丁寧なところとそうでないところ、盛りあがっているところと平板なところなど、内容は多種多様であることがだんだんわかってきた。

興味がなかった頃はどこも同じように見えたごちゃごちゃだが、今では名工の手による彫刻を見れば、ごちゃごちゃのなかにも繊細さと力強さが感じられる。

もちろん伊八も義光も優れたごちゃごちゃだが、その味わいは微妙にちがって、主と従をはっきりさせメリハリのあった伊八に対し、義光は隅から隅までごちゃごちゃごちゃな感じがする。容赦なくすべて彫刻で埋め尽くしたようなごちゃごちゃ。もうごちゃごちゃごちゃを通り越して、うじゃうじゃ。そのぐらいのしつこさを感じるのである。

波の伊八に対抗して、うじゃうじゃの義光と呼びたいほどだ。

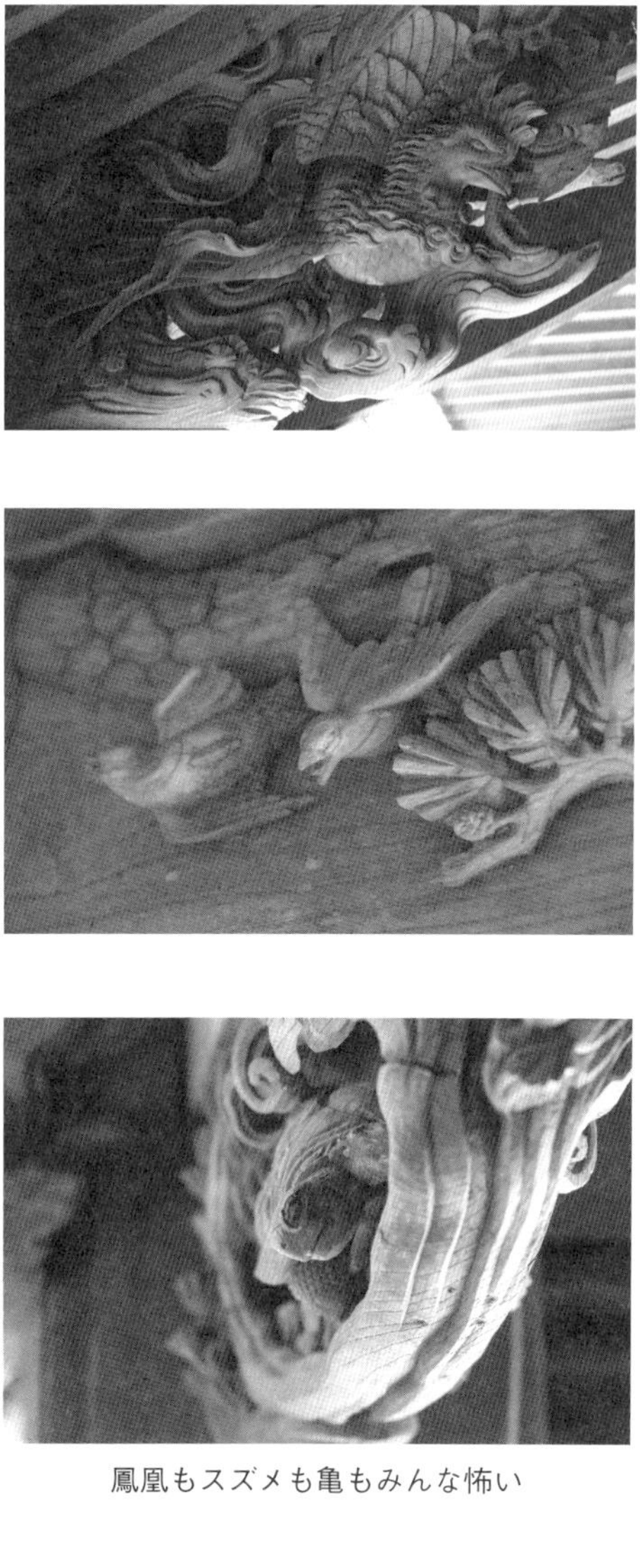

鳳凰もスズメも亀もみんな怖い

かっこいい感じがしないというなら、埋め尽くしの義光。びっしり義光。全部義光。やたら義光。んんん、もう少し考える。

## 百態の龍

小網寺に次いで向かったのは杉本山観音院である。観音堂に義光の彫刻がある。

お堂自体は小さいが、その軒下に溢れんばかりのうじゃうじゃ。モチーフは小網寺と同じように中央に龍、周囲にツバメや亀のほか、天女などが彫られていた。

ここの彫刻をひと目見て感じたのは、中央の龍が目立たないことだ。

これが伊八なら龍がぐいぐい迫ってくるだろう。けれども義光の場合は、龍以外に左右の獅子や獏も目立っているし、梁に彫られたつる草のような波のような模様も目立っている。

杉本山観音院でも、うじゃうじゃぶりは健在

普通なら背景としてあまり目立たないはずの模様が、もりもりに盛りあがっているのである。義光、それは模様だ。そんなに力いっぱい彫ってどうする。とつっこみたいぐらいだった。

どうりで龍が目立たないわけだ。

まさに、うじゃうじゃの義光。

だがまあ、それはそれで恐るべき力量である。

次に訪ねたのは、応神天皇を祀る旧安房国総社、鶴谷《つるがや》八幡宮。

向拝に彫られた傑作「百態の龍」は、義光が手掛けた彫刻のなかでもとくに有名で、義光彫刻の房総半島における代表作となっている。房総で義光といえばまずここであり、かの生誕２００年祭もこの地で行われた。

「生誕２００年祭来たかったなあ。御神輿ひとつぐらい見られないかなあ」

「ここは期待できそうですね」

などと言いながら本殿に参拝し、そのまま上を見上げて目を見張った。向拝天井が格子状に区切られ、そのひとつひとつに龍が丸く彫られている。

これが「百態の龍」か。

中央の龍はとりわけ大きく、そのまわりを54の龍が埋め尽くしていた（名前は「百態の龍」だが実際は55態だそうだ）。

龍はどれも丁寧に彫られ、名彫刻ならではの３Ｄ感もさることながら、緻密な生々しさがあ

龍の形はすべて違っている

った。まるで鰐かトカゲのようにぬるぬるしていそうに見えるのだ。質感にリアリティがこもっている。

先代宮司の酒井さんにお話をうかがったところ、これらはケヤキを彫ったもので、ケヤキという木はすぐにひねくれるのだが、義光の彫ったものはよじれやヒビが出ないとのこと。

なるほど、そういうこともあるのか。私などはただ見た目であぁだこうだ言っているだけだが、造形以外にも彫り師による技量のちがいが出るらしい。

虹梁の下に逆巻く波の彫刻を見つけた。

義光の波は伊八のように写実的ではなく、うねうねと曲線がのたくってこれも蛇か何かのようだった。このような波は私も他で見たことがあり、波というのは一般的にこういうふうに彫るものなのかもしれない。そう考えると、伊八の波はやはり独創的だったということだ。

ならば、義光には波ではない何かで伊八を圧倒してもらいたいところ。

「伊八の特徴が波に表れているとすると、義光の特徴が表れているのはどこですか」と尋ねてみた。すると、

「龍です」

と即答であった。

私は面喰らってしまった。

たしかに「百態の龍」は見事だ。

だが波の伊八の龍三体もよかったので、どっちが上かと考えると難しい。迫力でいえば失礼ながら龍三体が上じゃないかと思えた。それに対し、義光の龍は本物の動物っぽくてかわいいのである。

龍の義光といわれても、なんだか少々ピンとこない。いや、上手いんだけども。

あるいはまだ見ていない彫刻にものすごいものがあるのだろうか。ひょっとして神輿や山車にヒントがあるんじゃないか。そんなことを考えた。

生誕200年祭を見逃したのが残念だ。次の300年祭は忘れないようにしよう。

酒井さんは祭りの話もしてくださった。それによれば、かつては祭りで神輿を勇壮にぶつけ

合っていたが、今はぶつけないよう気をつかっているとのこと。せっかくの彫刻が壊れてしまうからだ。

「昔は祭りのあとに、若い衆が欠片《かけら》を拾い集めていたもんです。自分たちでくっつけないと、直しに出したら500万はかかりますから」

祭りの最中は、おりゃああ、って暴れ馬のようだった若い衆が、あとでちまちま欠片拾ってるところを想像すると、なんだかほほえましい。

後にネットで義光の神輿を検索してみたところ、なかなかいい彫刻の写真をいくつか見つけることができたのだが、それを見るかぎり義光の神輿彫刻の特徴は彫りのユーモラスさにあるように感じられた。龍はそれほど目立っていなかったような気がする。

が、実際に目で見たわけではないので、明確には判断できない。そもそも写真で見るのと実物を見るのとでは印象が全然ちがうことは、今回の旅で何より実感したことである。

われわれは酒井さんにお礼をいって鶴谷八幡宮を後にした。

シラカワ氏が、

「伊八はアーティストで、義光は職人という感じがします」

と言って、なるほどその感想はわかる気がした。

## 実在の動物のような龍

われわれはさらにいくつかの寺社に立ち寄って彫刻を見た後、金谷から三浦半島の久里浜まで、東京湾フェリーに乗った。

最後に向かうのは、横須賀市浦賀にある西叶神社だ。

関係ないが、このとき驚いたのは、シラカワ氏の発言だった。

彼女は、もの心ついてはじめてフェリーに乗ったというのだ。

「すごいスペクタクル！」とうれしそうである。

たしかに車が船に飲み込まれて海を渡るのは、それなりにスペクタクルなことなのかもしれないが、この歳になってフェリーが珍しいとは意外なことを言うものであった。

「フェリーなんて、日本中にあるじゃないですか」

「でも乗る機会ってあんまりなくありません？」

そういうものだろうか。ずいぶんな喜びようで、デッキで海を眺めているかと思ったら、気がつくと後部甲板を所在なく歩き回っており、それもいつの間にかいなくなって、前方で風に当たっているかと思えば、最後は船室のシートでぐっすり眠っていた。子どもか。

(下)フクロウと「不苦労」をかけている？

重たそうに屋根を支えている力士像

浦賀に着いて少し走り、西叶神社に到着すると、ここも一見して、社殿軒下がうじゃうじゃしているのがわかった。

この頃になると私も、軒下がうじゃうじゃしていると気持ちが乗ってくるようになった。賽銭を投げて手を合わせたら、上を見上げて、んんん、ナイス龍！　とか思いたい。逆にあっさりして何もないような寺社は、参拝するのもめんどくさいぐらいだ。

西叶神社の社殿彫刻は、すべて初代後藤義光20代の作品である。義光の出世作であり、向拝正面に龍、格子天井には28態の龍が、さらに社殿天井には74面の花鳥など、全体で２３０以上の彫刻があると言われている。

宮司の感見《かんみ》さんに案内をお願いすると、蟇股《かえるまた》（梁の上にある欄間のようなもの）に

左上から3枚と左下の1枚が彫られていない

ある小さなフクロウや、社殿側面の妻飾に彫られた力士像など、意外に気づかない逸品をいろいろ教えてくださった。そこらじゅう義光でいっぱいだ。

社殿内にも特別に入れてもらい、天井の花鳥を見せていただく。梅にウグイス、桃にモズ、栗にカケス、柊《ひいらぎ》に九官鳥などなど74の彫刻が圧巻。なかにヤツガシラという鳥が彫られていて、当時はまだ知られていなかったはずの鳥なのに義光がどうして知ったのか謎だとのこと。異国の図鑑でも見たのだろうか。

義光がここを彫っていた当時、浦賀は要港として大いに栄えていた時期で、豪商も多く、異国の文化も流れ込んでいただろう。ヤツガシラはそんな時代の空気を象徴しているのかもしれない。

ところで格子天井のうち4枚だけ彫刻がな

い。あえて完成させないという意味だったのではないかと感見さん。

似た話は飯縄寺の伊八彫刻でも聞いた覚えがある。伊八は左右の龍のうち右側だけ銘を彫らず空欄のままにした。後でまた来て直す、という意味だったのではないかとご住職がおっしゃっていた。

どちらも、それだけ力を入れた作品だったということだろう。

そんな西叶神社の彫刻で、私が一番強い印象を受けたのは、向拝正面の虹梁の上に蠢く龍である。

義光の龍はふくらみがあり、ひげなどを見ても、線のように細く削った伊八と比べて太い。ときにそれがエッジが立っていないと見えるときもあるが、この虹梁上の龍は、そのふくらみに生々しさ、体温のようなものを感じた。

中央から左に龍の尻尾というのか体の最後の部分が彫られてあり、その筋肉がふたつに割れている。そこに生きもののリアリティを感じる。

巨大なムカデにも見えて、ちょっと気持ち悪いぐらいだ。

龍といえばふつうは勇壮だとか凶暴といったイメージがあるが、もし本当に存在したらそれは蛇やトカゲの仲間だし、人によっては気持ち悪い、さわれないといった感覚を抱くはずで、義光の龍は、そこまで感じさせる生々しさがある。想像上の生きものである龍が、まるで実在するふつうの動物のように彫られているのだった。

この圧倒的な筋肉のリアリティよ

その後室内に保管されている脇障子の彫刻も見せていただいた。これがまたうじゃうじゃと彫りに彫った逸品で、西叶神社の義光は勢いがすごい、と専門家が評価するのもわかる気がした。

んんん、いいものを見た。

結局、初代義光の特徴はなんだったのだろうか。

目つき？

うじゃうじゃ？

それとも、龍？

決定打が出なくて悔しいが、逆に言えば、何でも彫れたのが義光だったのではないか。そしてあらゆるものに血肉を吹きこんだ。メインの龍だけでなく、模様にまで。

肉の義光。

そんな名前で呼びたい気もしてきたが、そ

れじゃ肉屋なので却下。

体温の義光はどうか。なんかちがうな。

生々しい義光、リアル義光、実存的義光……わからなくなってきた。

ともあれ波の伊八と後藤義光。房総半島の旅はスペクタクルであった。シラカワ氏が何と言おうと私としてはそうなのだった。

# 第6章

# ジャングルとカニ

## 川のすべてを一時間半で

三浦半島に面白い森があるらしいので、いくことにした。

小網代《こあじろ》の森というのである。

私はこの森を『「奇跡の自然」の守りかた』という本を読んで知った。

タイトルからもわかるように、この本には小網代の魅力と同時に、自然保護に取り組む際の画期的な手法が書かれており、とても興味深かった。ひとことで言うと、開発に賛成しながら自然を守るという逆転の発想だが、その中身については本連載の趣旨とは関係ないのでここではとくに触れない。

厳密にいえばその手法によって森が守られたのだから関係ないことはないけれども、その話は大変ドラマチックで面白すぎるため、ここで紹介すると読者は相対的にこの後の私の話が面白くなく感じられ、こんなものを読むよりその本を読もうと考える危険性があるので割愛するのである。

そういうわけで自然保護の手法については横に置き、ではこの森自体、何が魅力かというと、東京のすぐそばにありながら、川の源流から海に流れこむまでのすべての自然が開発されずに残っている点である。

ふつうは川といえば、たとえ辺鄙な地方であっても、途中にダムができたり、町や村ができたり、河口近くは車道が横切ったりしていて、まったく開発の手が及んでいない川などめったにない。

小網代の森には、短い川ではあるが、浦の川という川が流れており、そこに森と湿原、そして干潟が広がっていて、流域全体が保護されている。文字通り都会に残された奇跡の自然なのだ。

ありがたいことに、森の中には木道が設けられ、1時間半もあれば流域の生態系を全部見て回れるらしい。

流域全部を1時間半！

アマゾン川だったら一生かかっても流域全部は見られないだろう。それに比べて、なんてお手軽なんだ。お手軽すぎるのではないか。

いったいどんな森なのか。

そして川の最初から最後まで全部見るのはどんな感じか。

散歩にいってたしかめてこようと思う。

ある週末、夏まっただなかの猛烈な太陽のもと、私は京急電車に乗って終点の三崎口へ向かった。三崎口は三浦半島の最奥にある駅だ。

横須賀に親戚がいるので、京急はこれまでにも何度か乗ったことがある。今回あらためて車窓を眺めてみると、三浦半島の地形は非常に見応えがあることが判明した。

山あり谷あり、トンネルあり崖ありで、それがころころと入れ替わる。一瞬目を離したら、まるで風景が変わってたりして、そこらじゅう高低差の宝庫だ。これは相当なスペクタクルではないか。

だがいちいち目移りしていては話が進まない。途中下車してうろつきたい気持ちを抑え、満を持して三崎口に到着した。ここでシラカワ、スガノ両氏と待ち合わせだ。

今回は「アカテガニ放仔《ほうし》観察会」に申し込んである。アカテガニが水辺で産卵（正確には産卵ではなく放仔というらしい）するところを見学するのだ。小網代の森は、日中は自由に出入りできるが、これは日没の時間帯に行なわれるので、観察会に参加しなければ見ることができない。

なんでもアカテガニは陸上に生息する種類だそうで、それが夏の大潮のときに水辺にやってきて、お腹に抱えたゾエアと呼ばれる幼生を大量に海へ放つのだそうだ。これが放仔である。

似たような光景はテレビのネイチャー番組で見た気がするけれど、実物は見たことがなかった。そんな本格的なことは、熱帯あたりのどこか知らん場所でやってるのだと思っていた。それがこんな東京近郊で見られるとは。知らん場所どころか、親戚ん家のそばである。親戚の家のそばでそんなグレートネイチャーなことが行われていたとは、世の中わからないものであった。

そもそも森にカニがいるという時点で、尋常じゃない感じがする。

森に棲んで海まで歩くカニ。

沢ガニなら山で何度も見たことがあるけれど、あれが海まで出かけるとは考えにくい。沢ガニはずいぶん山奥にもいるから、交通機関でも利用しないと海まで行くのは無理だ。

一方、アカテガニは陸に棲むとはいえ海なしでは生きられない。ならば海のそばで暮らせばいいものを、わざわざ森の奥で暮らす不思議。

この森とカニという組み合わせも、今回の見どころである。

## 奇跡の森に入る

三崎口駅の改札でシラカワ、スガノ両氏と合流すると、待ち構えていたボランティアガイドの人たちに、他の参加者とともにグループ分けされ、バスで小網代の森まで案内された。

参加者は総勢100名近くもおり、すっかり人気のイベントになっているようだ。

バスを降りたところは、なんでもない道路で、道沿いには家が建ち並び、この近くにそんな

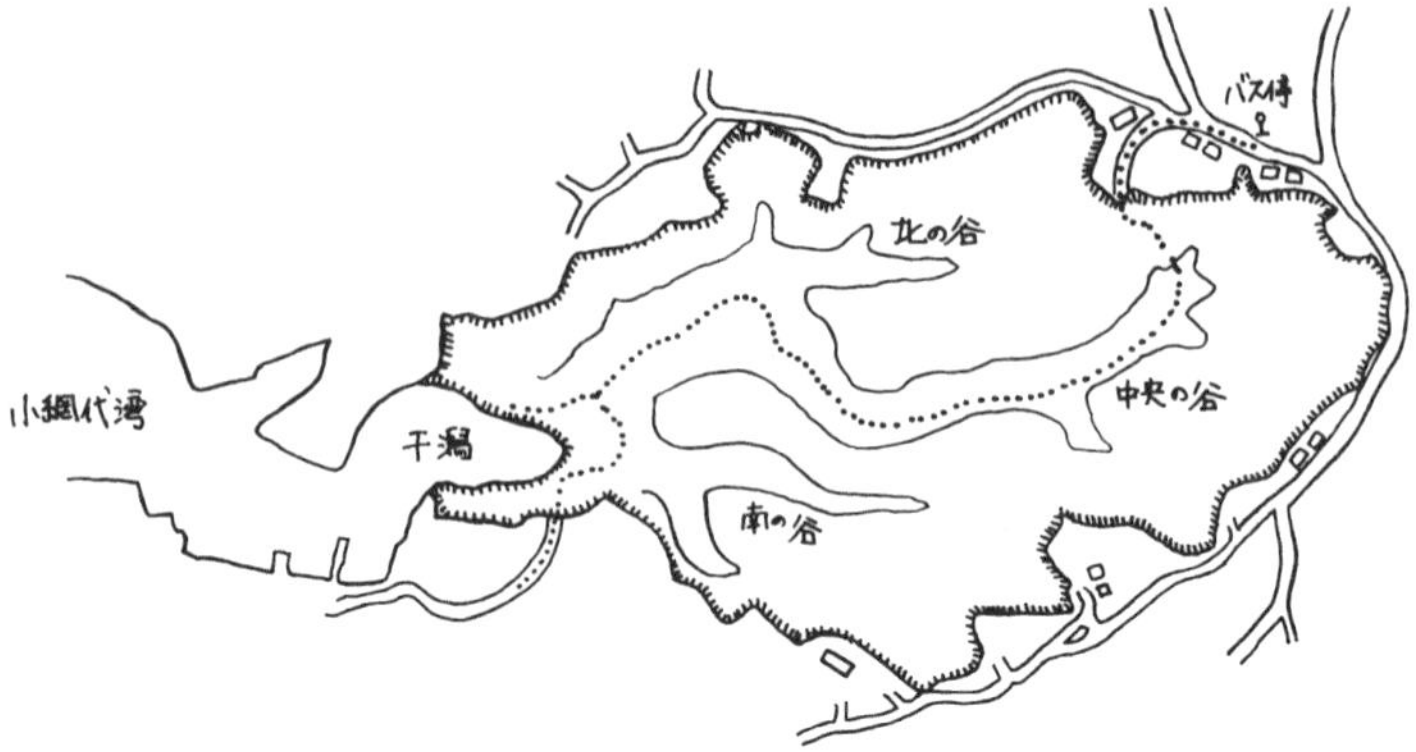


小網代の森全体図

広大な森が隠れているとは想像もできなかった。地図によれば森はすぐそこにあるようなのだが、まったくその気配が感じられない。

ところが信号を渡り、家と家の間をいくと、道は狭い下り坂となって、突然森が現れた。

バス道路は三浦半島の尾根部分にあり、森はそこから海へ向かう斜面に展開していたのだ。

このことは、小網代の森には開発の手が入っていないと言っても、開発が森の縁ぎりぎりまで及んでいることを示している。森が、道路や住宅で縁どられている形だ。

そして、われわれが今立っているのは森の最奥、源流部ということになる。

森の入口で参加者にイベントの趣旨と注意事項が言いわたされた。

マムシやスズメバチ、そして熱中症に注意するようにとのことだ。

# 第6章
## ジャングルとカニ

私は話を聞きながら、山の端に住宅が建っているのを見あげ、奇跡の森の源流の上に家、というへんな風景を噛みしめた。

もしどこからか探検隊がやってきて、源流を目指してあがってきたら、森の最奥であの家とバス道路を発見することになる。神秘の森の奥深く、大地の神か森の王にでも出会うかと思ったら、あるのは住宅。無人島に上陸したらコンビニがあった、みたいな片付かない気持ちになるのではないか。

そもそもあそこに住んでいる人は、自分の家が奇跡の自然の源流の奥というグレートアドベンチャーな場所に建っていることを理解しているのだろうか。家の表側はとくに緊張感もないバス道路だから、わが家の重要性に気づいていない可能性がある。今すぐにでも訪ねていって、ことの重大さを告げてやりたい気分だ。

「源流の一番高いところは標高約80メートルあります」

ガイドの人が教えてくれた。配水塔が建っているそうだ。

ぎりぎりまで住宅や配水塔。

この森の内部がまったく開発されずに残ったのは、まさに奇跡というほかないのだった。

われわれが森に入ったのは、引橋入口と呼ばれる場所で、標高49・7メートルと表示されていた。ここから海まで木道沿いに下る。

のっけから130段の階段があり、みるみる森の懐に入っていく。木道の両側には、コナラやクヌギなどの木が大きく育って、つる植物がからみ、地表もすべて緑で覆われていた。住宅とバス道路がすぐ上にあるとは思えない深い森だ。

蔓が木の幹に絡まりながら一緒に伸びている

「いきなりジャングルみたいですね」

鬱蒼とは、まさにこのことだった。

小網代の森は総面積約70ヘクタール。東京ドーム15個分の広さだそうである。大きく3つの谷があり、われわれが歩いているのは中でも最大の中央の谷。といっても谷の幅は広くなく、両側の大木の枝葉が空を覆い尽くしている。

川のはじまりを見てみたかったが、どこに川が流れているのか草に隠れて見えなかった。

海から源流まで、と聞いて誰もが思い浮かべるのは、その最初の一滴を見てみたいということではないだろうか。だが、実際に森に入ってそれを見つけるのは至難の業だ。

以前趣味で沢登りをしていた頃、沢を登るたびに最初の一滴を見つけようとしたが、たいていうまく見つけられなかった。はじまりに湧き水や池でもあればわかりやすいけれども、ほとんどの場合、どこからともなく滲み出た水があちこちから漠然と集まってきて川になるのであって、ここが最初の一滴と特定するのは困難なのである。

そんなわけで小網代の森を流れる浦の川のはじまりも、うやむやであった。

ガイドの人がときどき立ち止まっては、木や草や虫について説明してくれる。白い花の咲くクサギや、カラスザンショウといった木々にアゲハが集まること、アゲハはモンキアゲハ、カラスアゲハ、ジャコウアゲハ、アオスジアゲハなどがやってくること。私はまったく昆虫に詳しくないので、それが珍しい種類なのか普通の種類なのかはわからないが、たしかにそこらじゅうにアゲハが飛んでいた。

私が面白く見たのは、やはりカニである。途中の土壁にいくつもの穴が開いていて、アカテガニの巣だということだった。

この日は夕刻の放仔にむけて、ほとんどのカニが出払っていた。

ここから海まで1キロぐらいあるというから、ここに住むのが本当に適切なのか疑問を呈せざるを得ない。通勤時間長すぎるだろ。

あと不思議なのは、放仔するのはメスなのに、なぜオス

アカテガニの巣

出遅れた（？）カニもちらほら

まで出払っているのかという点である。

メスをエスコートしているのだろうか。

「オスはね、メスが放仔のあと海からあがってくるのを、そばで待ち構えているんです。身軽になったメスをつかまえて、すぐまた交尾するんですね」

なんとまあ。

いかにもオスの考えそうなことであった。

さらに歩いていくと、源流から海までの全流域が見られるという言葉通り、途中、森の植生がだんだんと変化していくさまが、はっきりわかった。

源流部では巨木に覆われ鬱蒼としていた森に、徐々に沢が姿を現し、その縁にシダが繁っていたかと思うと、別の沢が合流。そのあたりから幹が細めのハンノキが目立つようになる。さらに新たな沢が合流して谷が広くなると、中央に光が入って湿地となり、最後は海に注いで干潟となる。

普通の川なら何日もかけなければ見られない変化が、ここでは1時間半。この風景のめくるめく移り変わりのせいで、まるで何時間も歩いたような、長い旅をしたような気持ちになったのである。

## アカテガニ人生劇場

気がつくと海だった。

湾の奥なので水平線は見えないが、入江に停泊するたくさんのヨットが見える。それがなければ沼か湖と思ったかもしれない。

ここで『「奇跡の自然」の守りかた』の著者のひとり柳瀬博一さんがおられたので挨拶した。柳瀬さんはアカテガニの入った小さな水槽を並べ、参加者の質問に答えておられた。

柳瀬さんの話によれば、この河口付近の干潟には60種類のカニがいるそうだ。

カニ60種類！

カニがそんなにバラエティ豊かな生きものだったとは。日本中合わせてもせいぜい37種類ぐ

かわいい。

らいかと思っていた。

アカテガニは日本全国どこにでもいる珍しくないカニだが、干潟の減少により、数は昔よりだいぶ減っているらしい。

名前の通り、成長すると赤く色づくのが特徴で、背中に半円を描く線があり、そのせいで甲羅全体が笑った顔のように見える。本人はとくに笑ってないとは思うが、おかげで一見すると話がわかる奴のように感じられる。

シラカワ氏とスガノ氏は、かつて種子島でカニの大移動を見たことがあるそうだ。

「レンタカーで走っていたら道路にいっぱいカニが歩いていて、ブチブチ潰してしまいました」

シラカワ氏がカジュアルに言った。断末魔のカニの叫びが聞こえてくるようである。

以前テレビで見たときも、カニの大群が海

# 第6章
## ジャングルとカニ

に押し寄せてゲルマン民族大移動みたいになっていたけれども、今われわれのまわりにそんな気配は微塵も感じられない。1キロも上流の穴からのこのこ歩いてくるとすれば、もう海べりに来ていないとスケジュールに間に合わないと思うのだが、カニはいったい何をしているのか。

実はこの日は中潮で、本来は大潮のほうがカニはたくさんやってくるのだという。残念ながら、この夏はうまいぐあいに大潮の週末がなく、中潮のこの日に観察会が設定されたらしい。カニも中潮で気が乗らないのかもしれない。

今日の日没は18時40分。日が暮れて暗くならないと警戒して放仔しないので、柳瀬さんの読みでは、だいたい19時5分頃がピークになるとのこと。

本当にカニはやってくるだろうか。

日没の少し前から、参加者は長靴にはきかえ、海に入って待つことになった。カニは陸から来るので、そこにわれわれが立っていては警戒して海に近づけない。よって、人間は海の側で静かに待たなければならない。しかも動くとカニが逃げてしまうので、動かずに待て、とのことだった。

長靴を履いて干潟に入り、波打ち際から1メートルぐらいのところで浜を向いて静止する。

「あ、いますいます」

シラカワ氏が小さく指さすほうを見ると、幅にして1メートルあるかどうかの砂浜のむこう、大きな岩とブッシュの間に、小さなカニが抜き足差し足で歩いていた。われわれより先にきて

水辺までやってきたアカテガニのメスたち

水際の草むらで待機していたらしい。

その数何千匹といいたいところだが、3、4匹である。茶色のような灰色のような地味なカニだ。大きさも小さく、まだ大人になりきっていない印象だ。それでも海を目指してくるということは、小さくてもお腹にはゾエアを抱えているということである。

カニはなかなか水際にやってこなかった。慎重に慎重に、少し歩いては止まり、また少し歩いては止まり、もうすぐだと思ったら急に戻ったりした。

数は増えてきたと思っても10匹ぐらい。大半は草むらの陰からこっちの様子をうかがっている。もっと大群が押し寄せるのを期待していたが、やはり中潮では気乗りしないのか。

やがてどんどん空は暗くなり、ライトで照らさないとカニが見えなくなってきた。それでも海に入るまではライトで照らさないよう指示されている。驚いて逃げてしまうからだ。

アカテガニはだいたい1回のお産で4～5万匹のゾエアを放つそうだ。

1匹のメスはひと夏に平均3回放仔するので、1匹あたり約12～15万のゾエアが放たれることになる。これをだいたい3年くりかえすとメスとしての役割は終わる。ということは、1匹のカニが放つ子どもは36～45万匹という計算になるが、このうち生き残ってカニになるのは、たったの2匹。

45万分の2だ。

なんという過酷な生存競争だろうか。逆に言えば、今見えるカニたちは、みなそのロト6並みの確率を生き抜いた個体なのだ。

面白いのは最終的に子どもの数は人間とほぼ同じという点だ。動物はどんなふうに子どもを産んでも、生き残る数はだいたい同じなのかもしれない。

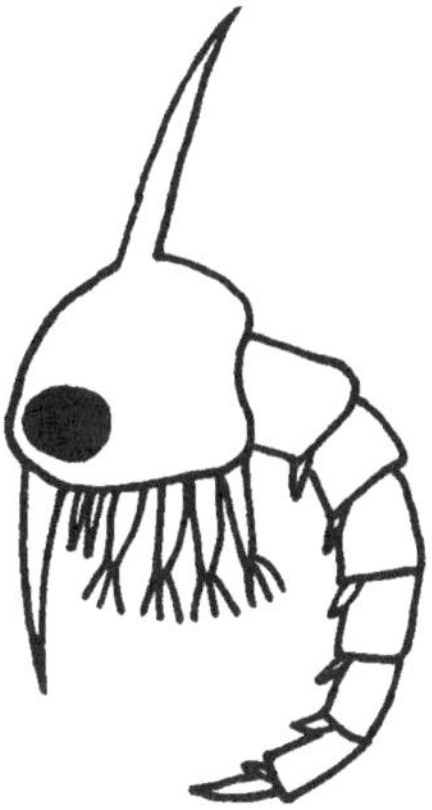
ゾエア

やがて勇気あるカニが水辺に到達し、おお、ついに放仔するか！　と思ったらしなかった。また戻ってじっと何か考えている。陣痛でも待っているのだろうか。カニにも陣痛はあるのか。
と、別の個体がやってきて水に入り、おお、いよ

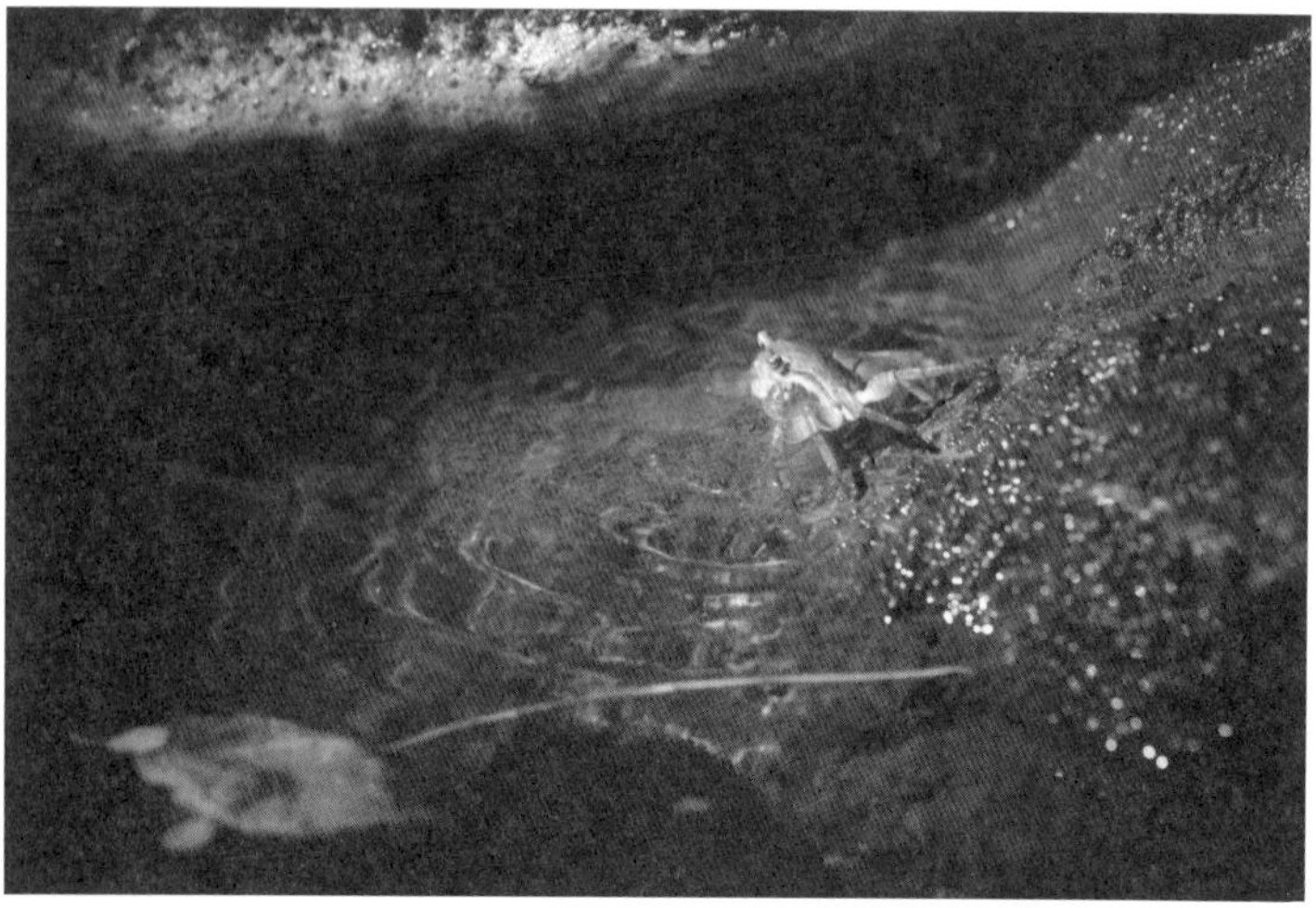

カニの前の水に浮いているように見えるツブツブがゾエア

いよだ！　と思ったらまた戻っていった。

紛らわしいわ、やるやる詐欺か！

そう思い始めた頃、1匹の小さな個体がテテテと海に入ったかと思うと、ハサミをふりあげて小刻みに体を震わせ、小さなツブツブを大量に海に解き放った。

おおおお！

これが放仔か。

私には見えなかったが、スガノ氏によると、海の中には小魚が待ち構えていて、放仔されたゾエアを片っ端から飲み込んでいたという。

あらら。

ふざけんな魚、とカニも思ったことだろう。

そういうときこそオスたちが身を挺して魚を撃退するべきではないかと思うのだが、オスはといえば、安全な草むらのなかで、放仔を終えたメスが戻ってくるのをただじっと待っているのだった。情けないぞオス。

1匹が放仔すると、勇気をもらったのか、他のカニも果敢に海に入るようになった。そしてハサミをふりあげて、ぶるぶるぶると小刻みに体を震わせる。

ふりあげたハサミで、寄ってくる魚の頭をどついたらどうかと思う。じゃなかったらオスをどついたらどうか。

海に放たれたゾエアは、運が良ければ生き延びてメガロパに成長し、それがだんだんカニとなって、だいたい1か月ぐらいすると帰ってくるそうだ。そして陸にあがると、誰も頼んでいないのに、はるばる森の奥へと分け入るのだ。

「大潮のときはもっといるんですか？」

近くにいたガイドの人に尋ねてみた。

「多いときはもう草の下が真っ赤になるぐらいやってきます」

おお、そういうときに見てみたいぞ。

それだけでなく、あの森のなかから歩いてくるところも見てみたい。こんな小さな姿で1キロも歩くのは相当な冒険だと思うからだ。私の散歩よりそっちの散歩のほうがス

メガロパ

ペクタクルだろう。

最終的に10匹ぐらいの放仔を見物して陸にあがった。

なかなか見られないものが見られて満足だ。こんな本格的な森と本格的なカニの人生が手軽に見られるとは、東京近郊も捨てたもんじゃないのであった。

ふりかえるとヨットハーバーにおしゃれな灯がともっていた。
※小網代の自然観察に関しては、ＮＰＯ法人小網代野外活動調整会議のホームページをご参照ください。

# 第7章

# 世にも奇妙な素掘りトンネル

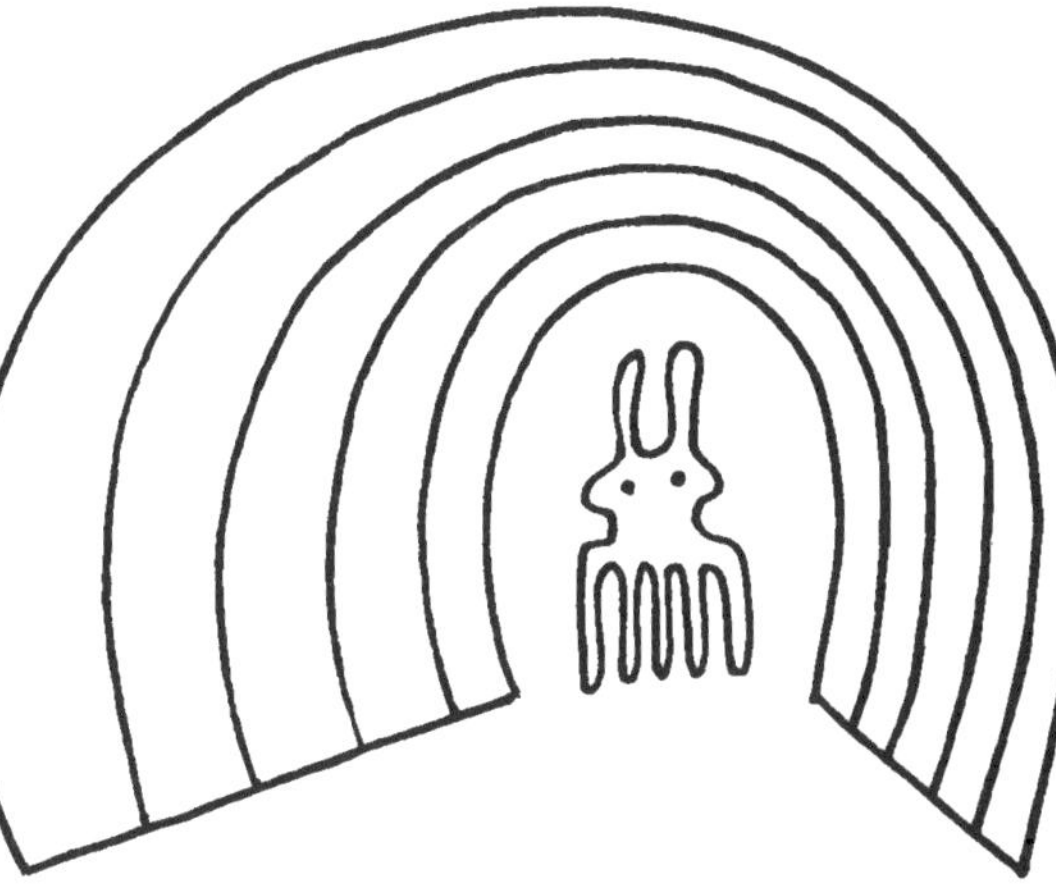

## 穴を抜けて別の世界へ

〈まさに驚異、と申しますのは、収穫場面の展開する地下世界から戻ってきたかれは、われらが半球では冬の寒冷が持続しているのを発見したのです。〉

これは１２０９年から１２１４年にかけて書かれたティルベリのゲルウァシウス『皇帝の閑暇』第三部の一節である。

イングランドのある豚飼いが、行方不明になった豚を探して洞窟に迷い込み、その奥に光溢れる広漠たる野原を発見する。なんと、そこでは小麦を収穫中だった。豚飼いは地球の反対側に出ていたのだ（『西洋中世奇譚集成　皇帝の閑暇』ティルベリのゲルウァシウス著、池上俊一訳　講談社学術文庫収録「アンチポデス（対蹠人）とかれらの土地」より抜粋）。『皇帝の閑暇』はゲルウァシウスが各地を歩いて集めた伝承を記録したもので、『千と千尋の神隠し』のような映画の中だけではなく、穴を通って別世界を訪れる話が古くから伝わっていたことがうかがえる。

漁師が川を遡り、やっと人ひとりが通れるほどの洞窟を抜けると、そこに美しい別天地があった、と語るのは中国古代、東晋の詩人陶淵明が書いた『桃花源記』だ。日本でも、『神道集』

に「諏訪縁起の事」として、甲賀三郎が穴に落とされ、地底にあるふしぎな国々を遍歴する逸話が出てくる。

つまり、何が言いたいかというと、イングランドでも中国でも日本でも、古来より、人間は穴を見ると、そのむこうに素敵な世界がありそうな気がしてしまう生きものだということだ。

千葉県の房総半島に穴があるという。それも、そこらじゅうに。

あまりに数が多く、その全てを把握している人間はたぶん誰もいない。いや、ひょっとしたら県庁の土木課みたいなところにいるのかもしれないけれど、とにかく豚飼いが迷い込み、漁師が通り抜け、甲賀三郎が冒険したような、通り抜けたら向こう側に何かいいことありそうな穴が、いくつも存在していることが知られている。

今回はそんな穴のいくつかを探索して、できれば向こうの世界に行ってしまって、そのままそこで幸せに暮らそうと思う。めでたしめでたし。

## トンネルを掘った人たちはどこへ行ったのか

2月のある晴れた日、編集のシラカワ氏、カメラのスガノ氏とともに、君津駅から軽自動車をレンタルして出発した。以前、神社仏閣の装飾彫刻を見て回ったときも房総を車で旅したが、今回あえて軽自動車を借りたのは、穴が狭くて通り抜けられない可能性があるからである。

そうしてまずは、周辺に面白そうな穴が集中する小湊鉄道の月崎駅へ向かった。

房総半島内陸部は、自然が豊かで起伏も多いが、高い山がないおかげで陰にこもらず、風景が明るい。自然が威圧的でなく、人に優しい印象だ。

事前に調べておいた地図に従い、小湊鉄道と並行して走る狭い林道に入った。目指すのはこの林道にあるトンネルだ。

トンネルなんてべつに珍しくもなさそうだが、房総半島には素掘りのトンネルが無数にあり、ふしぎな雰囲気だという。そしてこの素掘りトンネルこそが、房総に無数にあるふしぎな穴の正体であり、そんなトンネルが、この林道には3か所もあるのである。3つもあれば、ひとつぐらいは異世界に通じているかもしれない。

路面には轍《わだち》が残っており、使われている道ではあるようだったが、結構荒れていた。スガノ氏が慎重に運転する。

最初のトンネルは唐突に現れた。

短いトンネルで、出口が見えている。出口の向こうには林があり、とくに別世界には繋がってなさそうだった。

入口横の表示を見ると、柿木台第一トンネルとあった。長さは78メートル。明治32年（18

99年・推定）に日本古来の「観音掘り」と呼ばれる方法で掘られた素掘りトンネルだそうである。「観音掘り」とは、観音さまを拝むときの両手を合わせた形からきた名称だろうか、穴が将棋の駒のような五角形をしていた。

素掘りのトンネルは日本中にあって珍しいものではないが、やはり78メートルも手で掘った手間と労力を思うと、大変な話だと思う。道なき道を独力で切り開いた○○権兵衛の物語、なんていって美談になってもおかしくなさそうなのに、この地では普通すぎて美談にならないようだ。

ものすごい手掘り感

こんな素掘りトンネルが房総中に無数にあるというのだから、なぜそんなに掘りまくったのか理解に苦しむ。もちろん便利だからにちがいないとはいえ、たいして高い山もないのである。迂回してもさほど遠回りではなかったはずだ。

にもかかわらず、みんな掘りまくった。それはもう、掘りたかったから、と考えるしかないように思われる。そこには、ショートカット以上の魅力があったのだ。

トンネルを掘る魅力とは何か。

あるいは私は、ここで、こう問うてみたい。

トンネルを掘ったその大勢の人たちは、これほどの偉業を成し遂げたのに、なぜ記録に残っていないのか。彼らはどこへ行ってしまったのか、と。

つまり彼らは、自ら掘ったトンネルを通って、あっちの世界に行ってしまったのではあるまいか。そしてそれこそがトンネルを掘りまくった理由ではないのか。

柿木台第一トンネルの中には蛍光灯が等間隔に取り付けられ、その光が不連続に内部を照らしている。リングが幾重にも連なったようなその光景は、どことなくＳＦっぽかった。このなかを高速で通過すればハイパードライブが起動して、そのまま遠い世界へ転送されるということはないか。

まあ実際には、この程度のトンネルで行けるほど別世界は甘くないだろう。軽自動車で突っ込むと、そのまま通り過ぎてしまって、とくに転送されることはなかった。

狭い道を枯れ枝に擦られながら進むと、すぐに第2のトンネルが現れた。今度は「観音掘り」でない丸いトンネルで、その曲線が美しい。これも手掘りだろうか。

五角形のままずっと出口まで続いている

「宇宙戦艦ヤマトの波動砲みたいですね」

シラカワ氏がいった。

壁面に地層の縞模様が浮かんでおり、それが砲口の溝に見えるといえば見える。開口部はラッパのように開いて、まるで高速で何かが放出された痕跡であるかのようだ。いったい何が放出されたのだろう。あるいはアニメでよくあるスピード感を表わすための線みたいにも見える。

トンネルに続く道もなかなかハード

波動砲っぽさが伝わるだろうか

このあと第3のトンネルに向かったが、第3番は永昌寺トンネルという表示があって、これは「観音掘り」であった。一部はコンクリートで補強されており、いわゆる普通のトンネルっぽい。

2番目だけが、表示がなく名前がわからない。かつ、怪しい縞模様がある。となると、気になるのは2番目である。今は何ごともなく普通のトンネルに見せているが、何かをきっかけに作動するのではないか。やはりあの波動砲みたいな出口は、かつて何かが飛び出してきた痕跡ではないのか。

## 穴と妄想

妄想先走る旅になってきたが、実はこの程度の穴はまだかわいいほうであった。次にわれわれが見たのは、さらにファンタジー感あふれる穴である。

月崎トンネルといって、ほとんど車の通わない林道の奥にある。

軽自動車で林道に入ると、道は一応舗装されていたが、夏になれば道路脇から這い出した雑草に覆われてしまいそうな路面。そしてその先に、苔むしたトンネルが現れた。

トンネルはどういうわけか2つ連続しており、というよりも、ひとつのトンネルの天井が途中で抜けて空が見えているという風情。面白い形だった。

「あの光の向こうには……」と妄想が止まらぬ宮田隊長

全体がシリンダーのようであり、通り抜ける立場からすると、ひとつめのトンネルを抜けたあと空から何か注入され、気圧や空間の成分などを調整したのち、2つめのトンネルであっちの世界へ転移するという、そういう仕組みにも見える。

さらには苔の緑色が、そのへんに妖精でも潜んでいそうな雰囲気を醸し出し、私の現実逃避嗜好はおおいに刺激された。

何よりふしぎなのは、トンネルを掘ってある山が、とても低いということだ。さきほどの柿木台第一トンネルよりも低い。それは丘ですらなく、ちょっと地面が高くなっている程度である。わざわざ苦労して穴を掘らなくても、坂道を作れば乗り越えられたのではないか。

トトロっぽいトンネル

トンネルを進むと、途中で空が見えてくる

それとも、トンネルを掘るほうが坂の造成より簡単だったのか、あるいはほかにどうしてもトンネルを掘りたい理由があったのか。

たしかに房総半島は大部分が砂岩でできており、掘りやすいようだ。そこらじゅう穴だらけなのも、簡単に掘れるからであり、トンネルを掘っても美談にならないのは、たいした苦労じゃないからだろう。

なので、地面が盛り上がって通行の邪魔だと思えば、すぐに穴を開ける習慣があったと考えることは可能だ。

だが、一方で、坂よりも穴を開けたいという欲望もなかったとはいえないのではないか。穴を開けた場合と上を乗り越えた場合では、たどり着く場所が違うかもしれない。

トンネルを抜けるともののけ姫っぽい風景が

そんなことを期待した可能性はないだろうか。そこまで考える人はいないとしても、穴を掘りながら、どこか別の世界を夢想して楽しんでいた、坂より穴のほうが面白いと感じていたなんてことはないだろうか。

中国では庭によく穴の開いた石が置かれる。穴はたくさん開いていればいるほどよく、ただ窪んでいるだけの穴より、向こう側に突き抜けた穴が上質とされる。

なぜ穴が開いた石が好まれるかといえば、それがまさしく別天地の象徴だからである。道教では聖地のことを洞天福地と呼び、洞窟は幸福をもたらす場所とされる。同時にこの「洞」は山を表わす場合もあり、つまりそれは神仙が隠れる場所ということである。

このような発想は日本には根付いていない。けれど、洞窟はただ暗い穴というだけではなく、ある種のユートピア、もしくはユートピアへの通路として考える文化があるのは事実であり、もともと人間の本能に近いところに、そのような嗜好が隠れているとも考えられる。だからこそ、昔から穴の向こう側の別世界というモチーフが世界中で繰り返し語られてきたのだ。

だとすれば、穴だらけの房総半島に別世界への通路を見る私の妄想も、あながち飛躍しすぎというわけではないはずである。

## 現実と異世界が交叉する

次に訪れたトンネルはさらに衝撃的だった。

月崎から小湊鉄道に沿って、養老渓谷へと南下し、温泉街の終わるあたりで渓谷沿いの主要道路から右に折れると、坂をあがるようにして進入する向山トンネルがある。

おや？

なんと!!

このトンネルに入った瞬間、上下に2つ出口が見えたのだった。

左右に2つなら驚きもしないが、上下に2つである。なんとスペクタクルな景観であろうか。

まるでトンネル内で現実と異世界が交叉しているかのようだ。

道路は下の穴のほうへ通じていた。では、あの上の穴はいったいどこに通じているのか。

われわれはいったんトンネルを抜け、反対側から上の穴へのアプローチを試みた。トンネルを出て右の崖を戻るように登っていくと、たやすく上の穴の口に出ることができた。

スガノ氏は、もともとこのトンネルは上の穴に繋がっていたのではないかと言う。上の穴を出て、今われわれが登った崖を下るルートがかつてあったという推理である。

それがあるとき、トンネルの先の川に橋が架かることになって、その橋に滑らかに繋ぐためには、トンネルをもう少し深い位置に掘ればいいと気づき、床を傾斜させて下の穴を掘った。その結果、新しいトンネルは縦長になり、もともとあった出口の下に別の出口ができたというわけだ。説得力のある説に思われた。

おそらく役所に行けば真相はすぐに判明するだろう。だが、私としてはそんな普通の話は知りたくなかった。このまま異世界への通路っぽさを味わいつづけたほうが楽しいからだ。世界を楽しむには、何でもかんでも情報を入れ過ぎないことが大切である。

反対側からトンネルを見ると、共栄トンネルと表示されていた。幹線道路側は向山トンネルだった。このトンネルを通過することで、われわれは向山世界から共栄世界へ転移したのだ。

面白いトンネルがあるものであった。

## まだまだ穴はつづく

われわれはこの後、濃溝《のうみぞ》の滝を見にいった。

最近急速に知名度があがって、人気の観光スポットになっている。どういう滝かといえば、これまた洞穴である。さほど深くないので、むしろ洞門といったほうが近いが、その中を川が流れ、洞内全体が小さな滝になっている。

正式には亀岩の洞窟といい、濃溝の滝というのはすぐそばにある小さな滝のことだそうだ。けれどなぜか、この洞窟が濃溝の滝として世に広まってしまっているらしい。たしかに亀岩の洞窟ではインパクトがない。濃溝という脳みそみたいな得体の知れない名前のほうが観光スポットの名前として、立っているように思う。

こういう形の洞門は日本各地にあって、多くは自然な浸蝕によるが、ここが珍しいのは、これもまた人工の穴という点だ。なぜわざわざ穴を掘って川を流したのか、その説明が看板に書いてあった。

簡単にいうと、蛇行する川を穴を掘ることでショートカットさせたのである。そしてショートカットにより、これまでぐるっと迂回していた川筋を水田に転用した。耕作地の少ない上総丘陵ならではの工夫で、こうした工事、または地形のことを「川廻し」と呼ぶらしい。ショートカットしたのだから、「川廻し」ではなく、「川廻さず」が正しいはずであるが、細かいことはいい。

江戸時代の初期には最初の「川廻し」が行われており、今では房総半島じゅうで穴の中を川が通り抜けている。看板には、こうした人工地形は上総丘陵のほか新潟にも見られると書いてあった。

ちなみに、ある時刻にこの滝を見ると、日光が穴に斜めに差し込み、その全体が川面に反射して、横倒しになったハート形に見えるらしい。展望所にはそれにあやかって、「幸運の鐘」なるものが設置され、世の恋人たちを呼び込もうという観光戦略が展開されていた。

「発想が昭和ですね」

シラカワ氏が見るなり辛辣に指摘した。

たしかにこれはいらない気がする。そうやって何か作らないと観光客は呼べないと思っているのだろうか。あの「幸運の鐘」を見に行こう、「幸運の鐘」があって楽しかった、「幸運の鐘」がなかったら来なかった、という客がひとりでもいたというのか。いないと思うぞ。

手掘りした人々の苦労が偲ばれる大きさ

一方で、少なくとも、「幸運の鐘」がないほうがよかった、と思う観光客がここに3人いるのはたしかであり、わたしは穴と滝だけで十分面白く見た。

この穴も考えてみると妙である。

川をショートカットしたのはいいとして、なぜこれほど大きな穴にしたのか。

大雨を見越してある程度の大きさは必要だったと思うが、それにしたってでかい穴だ。最初は小さかったのが流れで削られ、天井が落ちたのか。そんなふうには見えない。案外、掘るのが楽しくていっぱい掘ってしまったとか、そういう話ではあるまいか。人は穴を掘りたい生きものなのではないか。

濃溝の滝あらため亀岩の洞窟を見たあと、道路沿いの中華屋で遅めの昼食。スガノ氏が運転しながら、ここだ、と閃いて入った店で、地元の人がわわわっといて、一見なんでもない店だが味は旨かった。店長が演歌で歌手デビューしたとかで、メニューのなかにラーメンと並んでシングル1枚いくらと書かれてあった。

ここからわれわれは亀山湖方面へ向かい、三島湖というダム湖のほとりにある次なるトンネルを探索した。

湖に沿って道をつけるため、トンネルを2つ掘ってあるのだが、このトンネルの途中に人の通れる横穴があり、湖畔に出ることができる。湖畔には無人の御堂があって、何かが祀られていた。格子の穴からのぞいてみたが、何が祀られているのかはわからなかった。

御堂の先は行き止まりだ。

つまり横穴は、この御堂のためだけに掘られたことになる。トンネルを抜けた先にこうした信仰に関するものがあるのは、そこが異界であることを示しているようで面白い。『千と千尋の神隠し』でも、トンネルの先は神さまの世界だった。

# 第7章
# 世にも奇妙な素掘りトンネル

横穴を下りると、御堂が祀られている

この御堂はどんな人がお参りに来ているのだろう。秘密の隠れ家っぽい場所である。湖のほうからは来られないので、横穴を通ってくるしかない、あるいは、村の恋人たちが逢瀬を重ねたりしたのではないかと、勝手に妄想してみたりした。

いろんなトンネルがあるものだ。

そろそろ日も傾きはじめてきた。

今は2月で日も短く、いつまでも回ってはいられないので、いよいよ最後の穴を目指すことにする。

目指すのは、内房の城山にある燈籠坂大師の切り通しトンネルである。

国道127号線から白い門のある脇道に入り、小さなトンネルを抜けると道が分岐し、右手に目指すトンネルが見えた。

「かっこいい!」

思わず声が出たほど、見事なフォルムの穴であった。

丸いトンネル、将棋の駒形のトンネルなど、今までいくつか見てきたが、ここは、徳利形というのだろうか、ゆるやかな弧を描いて内側に傾斜した壁面が、ある高さから急に垂直箱型になっている。なぜこの形になったのか。何かものすごく背の高いものを通す必要でもあったのだろうか。

入口の手前には「頭上注意」の表示があるが、天井の高さは15メートルぐらいある。頭上に注意しなければならないとしたら、クレーン車かはしご車ぐらいしか思い浮かばない。

謎は謎を呼ぶが、何であれこのトンネルは美しかった。抜けた先がゆるやかに右にカーブしていて、鳥居が見えているのもかっこいい。すべてにおいて、完成度が高い光景。

楔形文字のようなツルハシの跡

よく見るとずいぶんきれいな筋状の掘り痕がついているので、これは機械で掘ったのかもしれなかった。
惚れ惚れして何枚も写真を撮った。同じように撮影に来ている男性もいて、有名なトンネルなのだろう。
「なぜ、このトンネルを見に来たんですか」

個性的なフォルム

そう聞こうかとも思ったが、聞かなかった。他人の意見なんてどうでもいいからだ。

大切なのは、自分自身が妄想できるかどうかである。このトンネルも別世界への入口にまちがいない。私がそう思うなら、そうなのだ。

トンネルを抜けて別世界へ行こうという今回のスペクタクルさんぽ、いいトンネルをたくさん見ることが出来て満足である。

たくさん潜り抜けたので、私はもう今、別の世界にいるのだと思う。

前頁の写真の反対側から
撮ったらこうなる

※今回ご紹介したトンネルはすべて公道にあります。ご見学の際は事故等に十分ご注意の上、周囲の方の迷惑にならないようお気を付け下さい。

# 第8章

# 工場のなかを走る電車

## 配管の迷路

今回のテーマは工場である。

都会に生きるわれわれにとって最も身近な〝スペクタクルな光景〟は、工場ではないかと思う。

神流川の発電所を見学したとき、ダムの魅力がよくわからないと書いたけれど、同じく業務的な構造物であるにもかかわらず、工場については昔から好きだった。

工場の何がいいといって、縦横に走る配管である。配管が迷路のようにこんがらがっていればいるほどゾクゾクする。

逆に同じ工場でも配管のないのっぺりとした建物などは、何のための建物か知らないが、無駄に建っているとしか思えない。いらないのではないか。

中に入れば配管や得体の知れない機械で満ち満ちている可能性はあるものの、外観がただの箱では意味がない。結果に現れない努力は無駄である。

今思うと、私がダムや橋にピンとこなかったのも、配管がないせいではなかったかと思われる。ダムではたまに太い配水管が通っているのが見えるが、おおむね直線状で数も少なく、迷路のような雰囲気にもっていこうという情熱が感じられない。

配管を迷路にしないようでは、配管の意味がない。いや意味はあるのかもしれないが、迷路状にして見応えを演出する以上に、配管にとって重大な役目を私は知らない。

大阪に住んでいた頃、夜の阪神高速を走っていると高石のあたりだったか壮大な工場群のパノラマが見えてワクワクした。こみいった配管だけでなく、火を噴く煙突なんかもあって、それはもうSFの世界だった。

なので、その後2000年代になって工場ブームが来たとき、やはりみんなそう思っていたんだと腑に落ちたのである。

腑に落ちたどころか、自分の部屋に土足で踏み込まれた気分であった。俺のほうが先に好きだった、と先輩風を吹かしたいぐらいだったが、あいにくその当時の私は巨大な仏像のことで忙しかったから、工場のほうは譲ったのである。日本全国にある巨大な仏像を眺めて、おおっ、デカっ！　と胸を熱くするのが自分のなかで流行っていたのだ。

静岡県の富士山の麓に岳南電車という私鉄があって、工場の中を走っているという。

聞けば、配管のトンネルを潜って走るのらしい。

素晴らしい。どうせ工場地帯を走るなら配管の下を潜らせようという配慮に違いない。これこそ見識というものではないだろうか。

私はかつて世界各地のジェットコースターに乗りにいって本を書いたことがあるが、そのなかで、未来に実現してほしい遊園地として、工場遊園地というのを提唱したことがある。それは操業を終えた古い工場の敷地をまるごと残し、その中にジェットコースターや観覧車をつくって、通常は立ち入れないあの空間の中を思う存分駆けめぐるという夢のような構想である。炎をあげる煙突、巨大なタンク、複雑に入り組んだパイプライン、その他いったい何なのかもわからないさまざまな幾何学的オブジェを横目に見ながら縦横無尽に遊覧する。かなり魅力的なスポットになるはずだ。いまだどこにも実現していないのは理解に苦しむほどであるが、この岳南電車はまさに、それを局所的に具現してくれている奇跡の路線と言える。工場の横を走るのではないのだ。配管の中を走るのである。

これはもう行くしかないであろう。

## シラカワ氏も工場が好きだった

岳南電車の始点は吉原駅である。

吉原駅でＪＲと連絡している。岳南電車はここから終点の岳南江尾《がくなんえのお》までの10駅を繋ぐ一路線だけの鉄道だ。

窓口で1日乗り放題のチケットを買うと、昔ながらの硬いキップにハサミを入れて渡してくれた。自動改札には通らないカッチリしたキップである。

今ではキップという存在もだんだん減って、ピッという音だけになりつつある。そのほうが便利なのは仕方ないけれど、この古いキップの持ち心地は麻薬的だ。これ以外ないという適度な硬さ。何かに似てるなあ、と思ったら花札だ。もしキップを廃止して全部ピッに変わるなら、かわりに改札で花札を配ってほしい。

硬いキップはここで買えます

吉原駅の小さなホームに出ると、富士山が見えなかった。岳南電車は、どの駅からも富士山が見えるのが売りだが、この日は晴れてはいたものの、肝心の富士山には雲がかかっていた。

全国のローカル線の例に漏れず、乗客は少ない。やがて1両編成の車両が入ってきても、降りてくる客は多くなかった。詳しい事情は知らないが、やはりこの鉄道も存続が危ぶまれているのだろうか。10ある駅も多くが無人駅だそうだ。

ガラガラの車両に乗り込み、運転席の後ろに座る。いい歳して即座に運転席の後ろに陣取るのはちょっと恥ずかしい。

でも乗客はあまりいないし、今回は工場のパイプの下を潜る瞬間を味わうことが重要なので、それがよく見える位置に座りたかった。できれば屋根も外して欲しいぐらいである。

電車が動き出すと、すぐに工場地帯だった。

右手に水路があり、そのむこうに大きな工場が見えた。その水路の上に傾斜した渡り廊下のようなものが架かっている。

あれは何だろうか。窓もないから、きっと中にベルトコンベアか何かがあって、原料などを運んでいるのだろう。詳しくは知らないが、何を運んでいるにせよ、〝水路に架かっている渡り廊下的な構造物〟というだけで味わい深い。しかも傾斜しているのだ。傾斜しているというだけで一気にスライダー感が増すではないか。中は本当はすべり台であって欲しい。そう願わずにはいられない。

対岸の工場もいい感じに煙突やタンクや配管が入り乱れていた。

それが何の工場であるか、ということは正直どうでもいい。大切なのは見た目である。異形であることが工場の存在意義だ。異形であれば何も生産してなくたって全然構わないぐらいである。

やがて線路は大きく右に曲がって、正面にどーんと富士山が見えるはずだったが、やはり雲で見えなかった。

しばらくしてまた大きく右に曲がると、今度は、小さな家が建て込んだ狭いところを通る。

この〝小さな家が建て込んだ狭いところ〟というのもまたローカル線の魅力のひとつで、単線であるために両側から家が迫り、そういう区間はなぜかはわからないがワクワクする。電車というのは、なるべくこみいったところを走るのが上物なのである。

これがバスになると、擦る心配があるから、面白いけど少々疲れる。もうちょっと早めにハンドル切ったほうがよかったんじゃないかとか、いやそうすると内側を擦ってしまう、ここはいったんバックして……とか、いや、後ろにはもう車が、となるとこのまま行くしかないけど行けるんだろうかとかなんとか、運転手でもないのに気苦労が絶えないのだ。その点、電車は擦る恐れがなく、安心して狭さを堪能できる。

岳南原田の駅に着くと、行く手にかっこいい工場が見えた。

赤白の煙突と銀のタンク、ごちゃごちゃした配管。そして線路が工場のなかにまっすぐ向かっている。

あの工場の中へ入っていくのだ。

きたぞきたぞ、今日のクライマックス。

発車すると、みるみる工場が目の前に迫ってきた。

このへんからできればスローモーションで車窓が流れて

ワクワクする区間

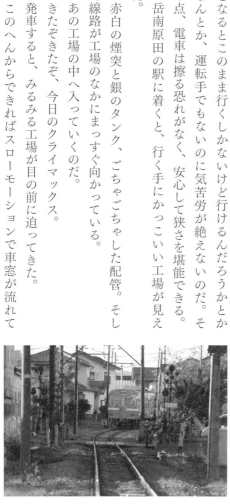

ここだ！（撮影：宮田珠己）

いって欲しいところだが、そんな私の気持ちには構うことなく、電車は一定の速度でガタゴト工場へと突入していく。

　線路が右にカーブするあたりに、たくさんの配管が頭上を跨いでいるのが見えた。跨いでいるどころか右にも左にも配管が立ち上がって森のようである。あんなごちゃごちゃしたところをうまく通り抜けられるのだろうか。というか、通り抜けられるに決まってるのだが、そのぐらい迷宮的な光景であった。

　ガタンゴトンガタンゴトン。

　んんん、なんて素敵な配管！

　運転手の肩越しにバシバシ写真を撮った。鉄道マニアでなくても、この光景は撮らずにいられないだろう。

　夢のゾーンは短く、あっという間に通り過ぎた。思わず車両の後ろまで走って見送りたくなったが、車内を走るわけにはいかないので我慢する。

何事も素敵な時間というのは、瞬く間に過ぎてしまうものだ。

電車はこのあと比奈という駅に停まり、そこからさらに終点の岳南江尾に向かったのだが、以後はごちゃごちゃした工場や〝小さな家が建て込んだ狭いところ〟は出てこず、沿線の風景は普通になっていった。

わがままを承知で言わせてもらうなら、そんなところを走るぐらいなら、もう一度工場に戻って、中をぐるぐる回ってはどうだろうか。

終点に着くと、そこも無人駅だった。

終点というのは、重大な感じというか、なくてはならない感じを醸し出しているべきかと思うのだが、なくても問題なさそうな駅だ。地元民にはそうでないのかもしれないが、私のなかでは、ますます工場内をぐるぐる走っていればよかったという思いが強まった。

と、そこへ不意にシラカワ氏が現れた。別件で遅れていたのである。手にはどこかで買ってきたお寿司を持っており、友人が日本一おいしいと言っていたから、とのこと。それがこの近くだったらしい。

われわれが乗ってきた電車を見るなり彼女は、

「宮田さん、これ京王線ですね」

と言って、何のことかと思えば、私が乗ってきたのは、もともと京王線を走っていた車両らしい。よくそんなことがわかるものだ。

「ネットで電車の写真見たとき、どっかで見たことあるなあと思ったんですよ。京王の井の頭線、これでしたよね」

いや、まったく気づかなかった。たしかによく見ると、車内の壁に京王のプレートが貼ってある。その上には東急車輛と書かれたプレートもあって、昭和48年の表示。相当使いこまれている車両のようだ。

「鉄道好きなんですか、シラカワさん」

「そうじゃないですけど、子どもが小さい頃好きだったので覚えてます」

「鉄道じゃなくて工場はどうですか、好きですか」

「大好きです」

即答。

「新幹線に乗るときは、いつも新富士のあたりで起きて、窓の外を見て、うわあっ、て思ってます」

なんと、身近にそんなに工場好きな人間がいたとは。

工場を見るためにわざわざ起きるとは、シラカワ氏も相当である。

「それまでは寝てるんですね」

「ですね。起きたら通り過ぎてることもありますけど」

この連載では社寺彫刻だのカニだの地下発電所だのいろいろ取り上げてきた。しかしどれもシラカワ氏にとっては興味の対象でなかったらしく、薄い反応しか返ってこなかった。が、工場は別なようだ。

というか私が思うに、シラカワ氏に限らず人はみな工場が好きである。

私がまだ子どもだった昭和40年代は、工場＝公害を撒き散らす社会の敵、ぐらいのイメージだった。それが、今では公害もあまり撒き散らさなくなり、逆に好感度が高まってきている。公害が解決してしまえば、工場には人を惹きつける最大公約数的な何かがあるのである。

いったいそれは何だろうか。なぜ工場は人を惹きつけるのか。

## 坂口安吾も工場が好きだった

われわれは折り返し電車に乗って、車窓をあらためて堪能したあと、電車を降りて工場へ向かった。

実は日本製紙株式会社の富士工場吉永の敷地内に入れてもらえるよう、お願いしてあるのだ。案内してくださったのは、日本製紙の桜井さんと角田さんで、こんな酔狂な取材のためにわざわざ休日出勤までしていただいて、恐縮の極みである。

さっそく全体を見渡せる事務棟ビルのテラスへ連れて行っていただいた。

この工場で作っているのは再生紙で、300万世帯から回収した古紙を溶かし、主にお菓子の箱などに使うやや厚手の紙を生産しているそうである。

昔は製紙工場というと独特の臭いがしてあまり近寄りたくないイメージだったが、今はすっかり改善されて、嫌な臭いはほとんどしない。最近工場好きが増えているのも、そういった不快さがなくなってきたことと関係があるにちがいない。

工場を見晴らすと、大きな煙突が4つほど立っていて、その周辺にいい感じにごちゃごちゃと配管にまみれた建物とタンクが見えた。そのほか低い屋根の倉庫のような建物がたくさん、その隙間には大量の古紙がブロック状に圧縮されて積まれている。

だが、やはりどうしても目がいくのは煙突周辺の込み入ったゾーンだ。

もっとあのごちゃごちゃに肉薄したい。

お願いして敷地内でもっとも配管が錯綜しているように見えるその一画へ連れて行ってもらうことにした。

工場内の発電設備が集中している場所で、煙突はつまりボイラーの煙突であり、無数の配管の中には、燃料やら蒸気やら電気やら、そういったものが通っているそうだ。

「あの煙突から出てるのは煙に見えますが、全部水蒸気です」

桜井さんが言った。

昭和の時代から大きく改善されクリーンになっているのである。

ただ、今の私は、もくもくしているものの正体に興味はなかった。もっと言えば、ここが何工場であろうが関係ない。配管がごちゃごちゃと錯綜している眺め、それがすべてだ。

「製紙工場は配管が多いんでしょうか」

「どうでしょう。ケミカル系の工場はだいたい多いんじゃないでしょうか」

日が暮れはじめるとポツポツと明かりが灯って、ただでさえ幻想的だった工場がますます非現実味を帯びてきた。昼もいいが、夜の工場は一層素晴らしい。

この、多くの人を惹きつける工場景観の魅力とはいったい何なのか。

それを考えるとき、思い出すのは坂口安吾が『日本文化私観』で書いていた風景への独特なこだわりである。

夕日に照らされる工場。かっこいい

ここに肉薄したい

安吾は〈法隆寺も平等院も焼けてしまって一向に困らぬ。必要ならば、法隆寺をとりこわして停車場をつくるがいい〉と、罰当たりとも思えることを書いているのである。そうかと思うと、小菅刑務所とドライアイスの工場、そして軍艦の3つについて、はらわたに食い込んでくる美感があると書くのだ。

小菅刑務所やドライアイス工場や軍艦のほうが、法隆寺や平等院よりも見応えがあると彼は考えているらしい。法隆寺や平等院は、歴史というものを念頭に入れ、頭で納得しなければならないような美しさだと言い、一方で小菅刑務所やドライアイスの工場は、もっと直接的に心を郷愁へ導いていくと称賛する。

その理由として、それらは美しくしようと加工しておらず、必要なもののみが必要に応じて配置されているからだというのである。

ドライアイス工場に対する安吾の見解を読んでみよう。

〈起重機だのレールのようなものがあり、右も左もコンクリートで頭上の遥か高い所にも、倉庫からつづいてくる高架レールのようなものが飛び出し、ここにも一切の美的考慮というものがなく、ただ必要に応じた設備だけで一つの建築が成立っている。町家の中でこれを見ると、魁偉であり、異観であったが、然し、頭抜けて美しいことが分るのだった〉

明らかに安吾は工場の魅力に気づいていた人間だった。

この文章を読む限り、それを機能美として解釈している節があるが、私はその点はもう少し

慎重に考えたい。

たとえば何の役にも立っていなくたって、配管が入り乱れていれば私は美しいと感じるだろう。極端に言えば工場の廃墟であっても構わないのだ。そうなればそれはもう機能美ではない。よくよく読み返してみると、安吾自身も〈魁偉であり、異観〉であると書いている。それは機能美とは別のものであり、むしろわれわれの期待する工場景観の魅力そのものだろう。

では、その〈魁偉〉や〈異観〉がなぜわれわれを惹きつけるのか。

私の実感を言わせてもらえば、工場の風景の無機質な威圧感の向こうに、虚空がぽっかりと口を開けているように感じる。

工場の美しさの背後には機能美というより虚無がある。そして矛盾するようだが、虚無だからこそ、かえってわれわれの知らない何か、われわれを威圧する正体がそこに存在している気がするのだ。

生きものの気配はまったくないけれど、あれだけ複雑な構造をしている場所に、工場の従業員以外誰もいないということが信じられない。たとえ誰もいなくても、あれはひとつの街であり、都市であり、一個の世界だという気がする。

日本製紙のおふたりに、

「夜の工場のこういう風景はお好きですか？」

と尋ねてみた。毎日こんな景色が見られてうらやましい気がしたからだ。ところが、

「われわれが夜に工場に来るのは、たいてい何か問題が起こったときなので、むしろ見たくない景色ですね」

と、冷静な回答であった。

## 工場夜景電車に乗る

岳南電車は、時々週末に、工場夜景を楽しむための夜景電車を運行させている。

われわれがわざわざ週末を選んでやってきたのは、それに乗るためであった。

夜景ならいつだって見られるわけだが、この電車は、2両編成のうち後部の車両を消灯させて走ることで、より見やすいように工夫されている。

「鉄道マニアが押し寄せて、満員かもしれませんね」

とシラカワ氏が心配していたが、プラットホームで待っている間、目に付いたのは主に家族連れやカップルだった。しかも近所の人が多そうだ。家の近くのちょっとしたイベントに来た感じなのかもしれない。

工場を眺めるというとまるで特殊な趣味のように思いそうだが、実際は普通のことであり、それどころか今やロマンチックなことですらあるのだ。

発車までに、後部車両の乗客は40人ぐらいになった。

車掌のカウントダウンによって消灯されると、外の光がはっきり見えた。ああ、この感じ、既視感があると思ったら、夜行列車だ。

「旅の感じがする」

「しますねー」

動き出すと窓際にカメラを構えた乗客が陣取って、みな楽しげである。

「この電車はみんな夜景を見に来てるから、思う存分きょろきょろできていいですね」

シラカワ氏が言った。

思ったほどまばゆい夜景が展開しているわけではないが、あの配管の森を通過する箇所は、ライトアップされていて、まさに私が夢見た工場遊園地の幻想を見せてくれた。

先にも書いたが、工場がこれほど肯定的な景色として見られるようになったのは、比較的新しいことであり、昭和の時代と今では見え方も違っているだろう。

坂口安吾がはるか昔に工場の魅力を見抜いていたのはさすがというしかないが、風景の見え方は時代によって変わるものであり、そう思うと私もさらに新しい美を探したい気持ちになった。

そんなことを思いながら、終点まで乗り、また折り返して終点まで堪能した。

その後、シラカワ氏が買ってきた日本一おいしいという寿司を、コンビニでお茶を買って食べたが、とくにどうということはなかった。

沿線の工場の一部がライトアップされる

工場の配管のような駅舎も素敵です

第9章

# 隠れキリシタンの魔鏡

# 反射光に浮かぶキリスト

神奈川県ＪＲ大磯駅前の小さな森、その小高い頂に、天に向かって突き出す船の舳先のようなシルエットのモダンな建物がある。

澤田美喜記念館。

三菱財閥の創始者岩崎彌太郎の孫娘であり、戦後この地に、孤児院「エリザベス・サンダース・ホーム」をひらいた澤田美喜の功績を記念する資料館である。

澤田美喜は戦後、進駐軍兵士と日本人女性の間に生まれた多くの混血孤児を引き取って育てた。今では歴史の教科書にも載る偉人であり、記念館というからには、その波乱万丈の生涯を本人の写真や遺品などとともに紹介してある施設かと思ったら、これがそうではない。

なんと、隠れキリシタンの遺物が展示してあるのだ。

なぜ隠れキリシタン？

澤田美喜は、昭和11年（１９３６年）、アメリカから横浜へ戻る船の図書室で隠れキリシタンの存在を知り、以後その遺物を収集することに意欲を燃やした。自らもキリスト教徒であった美喜は、誰かが集めなければ歴史的に貴重な品々が散逸してしまうという危機感と、迫害を耐え忍んだ人々の思いが凝縮したそれら遺物に彼女自身が勇気付けられたこともあって、収集を決意したのだった。

かくして、隠れキリシタンの本場九州の博物館に優るとも劣らぬ充実したコレクションがここ大磯の地に集まったが、その功績は「エリザベス・サンダース・ホーム」ほどには知られていない。

## 第9章
# 隠れキリシタンの魔鏡

私は以前から隠れキリシタンの遺物に興味があり、長崎や平戸の博物館、資料館などを訪れてはその魅力に触れてきたが、どこも隠れキリシタンの遺物、とりわけマリア観音のような仏像にカモフラージュした神仏像は数えるほどしか展示されておらず、物足りなさを感じてきた。

そんななか澤田美喜記念館の隠れキリシタン遺物は、全部で８７０点を超え、生活用具などではなく神仏像が多いのが特徴だ。その意味でもこれは画期的なコレクションと言えるのである。数の多さだけではない、なかには世界的に貴重な遺物もある。

その名も、隠れキリシタンの魔鏡！

おお、名前からしてそそられる。

初めて聞いたとき、とっさに頭に浮かんだのはインディ・ジョーンズだった。いかにも冒険ファンタジー映画に出てきそうではないか。

インディ・ジョーンズが壁にキリスト像を投影すると、神秘の扉が開いて、おお、なんとそのなかには隠れキリシタンの秘宝がああ！　というような安直なイメージが脳裏をかすめる。

魔鏡なんてものはお話のなかだけの存在かと思っていた。

実際の隠れキリシタンの魔鏡は、光を反射させて、壁に投影すると、キリスト像が浮かび上がる鏡である。

その存在はニューヨーク大学の教授によって海外に発信され、今や海外にも知れわたっており、近年同様のものが日本の鏡師の手によって再現されてローマ法王に献上されたという。

すごい。そんなものが実在するなら、ぜひとも見にいきたい。

隠れキリシタンの魔鏡を見ずして何が「スペクタクルさんぽ」か！

というわけで、夏も終わりのとある午後、シラカワ氏、スガノ氏、そしてニシ氏とともに大磯へ向かったのである。

澤田美喜記念館は、大磯駅の目の前にある。念のため約束の時間より少し早めに到着したわれわれは、あまりに目の前なので寄り道する場所もなく、少々時間を持て余した。

記念館は「エリザベス・サンダース・ホーム」の敷地内にあり、すぐ隣の礼拝堂などを外から眺めて、時間を潰した。簡素な木造の建物に緑色の小さな十字架が懸っていていてかわいい。

こういうすっきりしたキリスト教の建築物を見ると、魔鏡なんてものはむしろ偶像や過剰な

# 第9章
## 隠れキリシタンの魔鏡

装飾好きの仏教のほうが似合う気がしてくるが、実際はキリスト教にもバロック風の教会もあれば、ガーゴイルのいるゴシック教会、得体の知れない怪物が彫られたロマネスク教会もあるから、それは思い込みに過ぎない。偶像崇拝禁止といいながら、そうやってさまざまな「魔」を紛れ込ませて平然としているところが面白いところだ。

だがここでふと思ったのである。考えてみると、キリスト像の浮かぶ鏡を魔鏡などと呼んでいいのだろうか。禁教令を出した幕府の側からすれば魔鏡だろうが、キリスト教サイドから見れば、それは聖なる鏡。「魔鏡を見せてください」などと言えば、失礼なことを言うな、と叱られるのではないか。ここは無難にカクレキシリタンの鏡と呼んでおいたほうがよさそうだ。

約束の時間になり、記念館を訪ねると主任（現・館長）の西田さんが出迎えてくださった。

建物の内部は1階がお骨の安置所と展示室、2階が礼拝堂になっている。展示室はそれほど広くないが、たくさんの隠れキリシタンの遺物が展示されていた。西田さんによるとこれで3分の1だとのこと。（あとの3分の2は収蔵されている。）

挨拶もそうそうに西田さんが言った。

「陽のあるうちに、まず魔鏡から見ていただきましょうか」

ま……魔鏡でいいんかい！

あ、いやいや、失礼しました。

ここでも魔鏡と呼んでいるようだ。心配して損した。

西田さんが奥から白い包みを慎重な手つきで運んできた。たしかに日光を当てて像を浮かびあがらせるには、早い時間のほうがいい。いきなり魔鏡の登場である。

鏡は直径20センチ余の銅の円鏡。長崎県五島列島の、とある家の焼け跡から出てきたそうで、やや古ぼけており、鏡面には小さな傷や色の濁りがあった。裏には鶴亀と松の浮き彫りがある。キリスト像などはどこにも見えなかった。

これでどうしてキリスト像が浮かび上がるのだろうか。

さっそく外に出て模造紙に鏡の反射光を当てると、何やらオレンジ色の像が見えた。

「あ、キリスト……」

像は輪郭もぼやけていたが、そのなかにはっきりと見分けられる色の濃い部分があって、それはまさに十字架の形をしていた。顔のあたりはおぼろげだが、それが磔のキリスト像である証拠に、2本の足がくっきり見分けられる。

魔鏡だ！

これはまさに魔鏡と言うしかない。

それにしても、見たところ鏡にはそんな絵が彫られてもいないのに、なぜ光を反射させると

像が浮かぶのか。

日本でも三角縁神獣鏡と呼ばれる卑弥呼の時代の青銅鏡は、鏡の背面に刻まれた文様が、光の反射で浮かびあがったという説がある。詳しい原理はわからないが、鏡を薄くすることでそういうことが可能らしい。裏側が透けて映るということだろう。

だが三角縁神獣鏡は、あくまで背面の文様が映るだけである。一方、隠れキリシタンの魔鏡

一見、キリストの気配もない彫り物だが……

光を反射させて見ると……

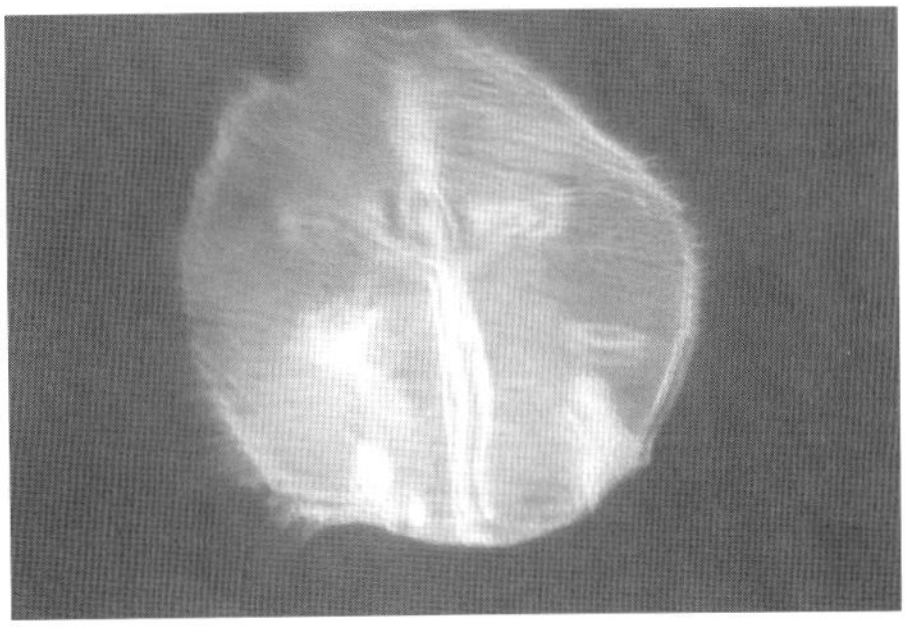

キリストだ！

は、背面の文様が映し出されるわけではない。もしそうならば松や鶴亀が映って、どこがキリストやねん、ということになってしまう。

背面にもない画像を映し出すとは、どうすればそんなことが可能なのか。

正解は、文様を二重にして、キリスト像を内部に仕込んでいるとの話であった。

ローマ法王に献上された魔鏡を作ったのは、日本の鏡師山本富士夫氏で、氏による隠れキリシタン魔鏡のレプリカもここには収蔵されている。その像も映してみると、こちらはさらにくっきりとキリスト像が浮かび上がった。

んんん、こんな技術があるとは。

見る人によっては、それこそ神の仕業だと思ったかもしれない。

ところで西田さんには、ひとつ悩みがあるそうだ。

海外の文献でも紹介されている魔鏡だが、Magic mirror と英訳されてしまうのが残念だという。マジックミラーといえば、あの取調室に仕込まれてたりするあれだ。一方から見れば鏡だが、反対側から見るとガラスのように透けて見えるやつ。

いかがわしいお店にもあるらしいし、そうでなくてもなんだか軽いので、できればもっと威厳のある英名が欲しいとのこと。何と英訳すればいいだろうか。

まさか魔鏡をそのまま訳してデビルズミラーにするわけにもいかない。それこそ、ふざけるな、と言われるだろう。

# 第9章
# 隠れキリシタンの魔鏡

トリックミラー？

依然軽い。

シークレットミラー？

それも軽い感じがする。

ホーリーミラー？

びっくりする感じがない。

スーパーミラー？

安いSFみたいだ。

ハイパーミラー？

検索したら窓掃除の洗剤が出てきた。

結局今のところは、Kakure Kirishitan Makyoと日本語そのままのローマ字表記にしておられるそうだ。

## 異形の神像たち

澤田美喜記念館の展示室には、さまざまな隠れキリシタンの遺物が展示されているが、なかでも多いのが種々の仏像群である。

一見、日本の神仏の像のように見せて、その実、背中に十字架が刻まれていたりする姿に、私はずっと魅了されてきた。

だが同時に、それは言ってはいけないことのようにも感じていた。

というのも、私ははじめ、そこにだまし絵の面白さを見て惹かれただけで、命がけで信仰を守った人々の心のありようなどは想像の埒外だったからである。

長崎や平戸の博物館をめぐったときも、表向きは隠れキリシタンの人々の苦しみや悲しみに思いを馳せているかのような、いかにも重苦しい顔をして見物したものの、内心は、おお、このカラクリ、すっげー、とかいって小躍りしていたし、天草の博物館で、仏教式の葬式をあげられた際にこっそりお経の効果を無効化するための「経消しの壺」というものを見たときも、その発想が面白くて心の中でウケていた。

果たしてそういう態度で見物していいものなのかどうかは、実に悩ましい問題であった。

# 第9章
## 隠れキリシタンの魔鏡

もちろん何度も見るうちに、その背後にある歴史が徐々に意識されるようになり、そのせいで恐ろしい井戸のなかを覗き込むようなヒリヒリした感覚が加わって、それらマリア観音像を始めとする仏像たちに、なんとも言葉にできない存在感、思いの凝縮があることが感じられるようにはなってきた。

それでも、持って生まれた軽薄な性格はそう簡単に変わるはずもなく、今回もガラスケースに入ったたくさんの仏像たちが、どれも面白そうで面白そうで、私を手招きしているかのように思えて、じっとしていられなかった。迂闊に本性が露見しないよう、注意しながら見学しなければならない。

陳列室に入って右手の壁に、澤田美喜とキリスト教の関わり、そして聖書や踏絵などの展示がある。

ここに彼女が昭和16年（1941年）に出版した「大空の饗宴」と題された隠れキリシタン遺物の目録集のようなものがあった。収集品の写真とともに、それについての短い文章が寄せられている。

「エリザベス・サンダース・ホーム」創設の功績ばかりが注目されるが、彼女にはこうして隠れキリシタン遺物の収集に力を尽くした功績もあるということをこの目録集は訴えているのだ。

その隣には刀剣の鍔《つば》がいくつも並べられていた（次頁上）。

内部に磔像が隠された鍔は、もともとは携帯用の入れ物だったらしい。それを作り直して鍔

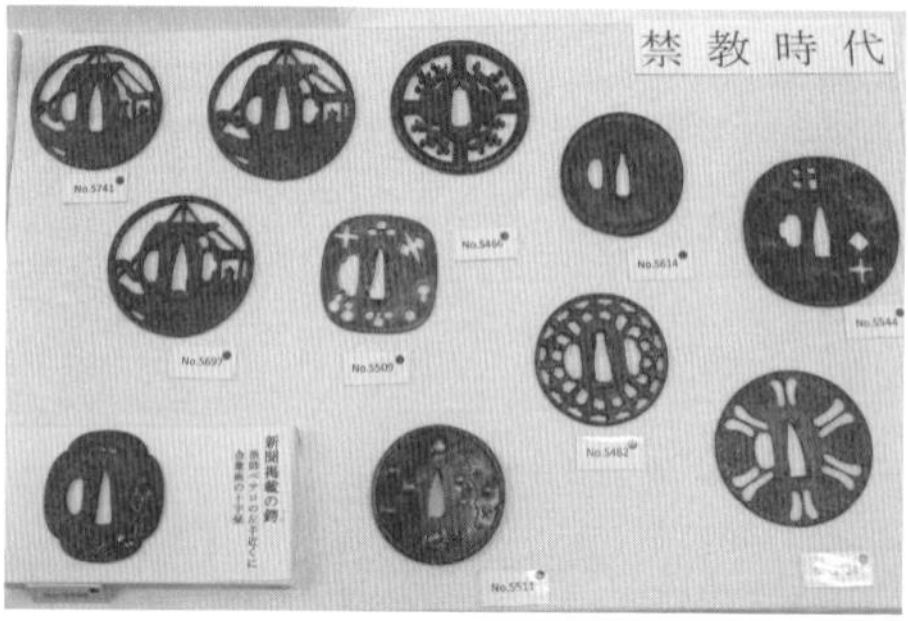


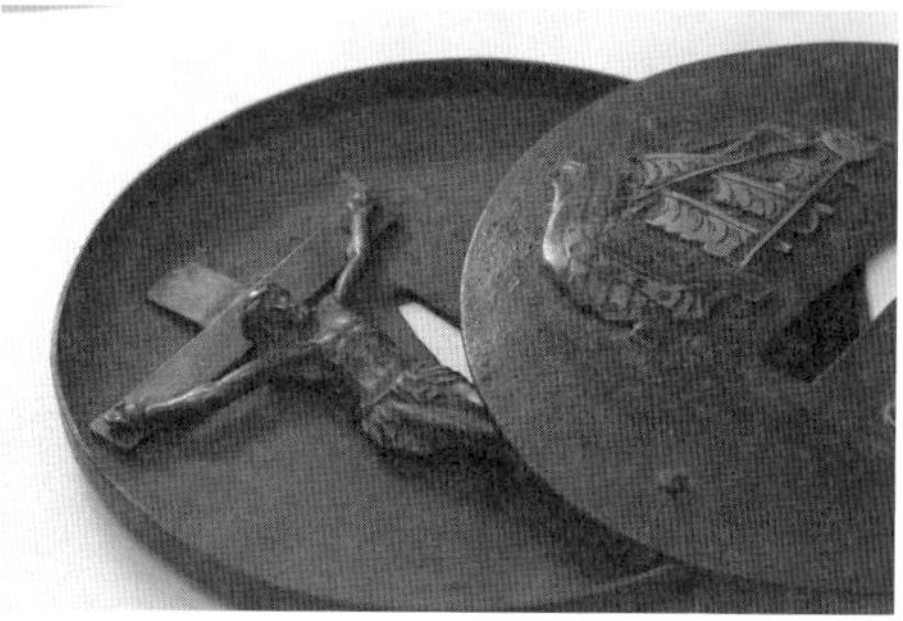

に仕立てたのである（下の写真）。

　十字を刻んだあからさまな鍔もあるが、どこにキリスト教の印があるのかわからないものもある。専門家による鑑定でも、はっきりと断定できない場合もあるようだ。

　そして中央の棚に移ると、そこから奥の壁にかけて、まさに数々の神仏像が並んでいた。

　これ、これ、これが見たかったのだ。

　多いのはマリア観音像で、木製のものや磁器でできたものなどいろいろあるが、もともと日本には慈母観音、子安観音といった赤ん坊を抱えた観音像が存在していたから、それをそのまま幼子キリストを抱くマリアさまに見立てれば、見つかっても怪しまれないということはあったかもしれない。

　ただキリストを抱くマリア像は、教会で実物を見ると、キリストがだいぶおっさんくさいというか、体は幼子状であっても、首がまっすぐ座って顔が覚醒していることが多い。それが本式となれば、慈母観音とは見た目もだいぶ違ってくる。

禁教時代の日本人はそんな首のすわった幼子状キリストのことなど知らなかったかもしれないが、役人によっては、この慈母観音の赤ん坊は違和感がある、なぜ母の胸に寄りかからず、こちらを向いて座っているのか、それになぜ顔がおっさんくさいのか、と怪しんだ者もいたのではあるまいか。

そういう意味では、逆に信者の側もただ観音さまが赤ん坊を胸に抱いているだけではマリア感を感じられず、そういう像には少し本式の印を加えたくなったりしたかもしれない。

飛騨で発見された木喰仏《もくじきぶつ》ふうの子安観音像（右の写真）は、胸飾りがT字になっており、これこそはそうやって一歩踏み込んだ表現だった可能性がある。十字はあからさまだからTにしておくというのは、隠れキリシタン遺物によくある表現である。

さらに、ふたつの中国風マリア観音も、首もとに発疹のような形で十字を表現している。ただの慈母観音ではないとあえて主張しているのだ。右のマリア像が抱く赤ん坊は、縦になって座っており、まさにキリストの姿勢であることがわかる（次頁上2点）。

一方、経筒型厨子に納まる青銅マリア像は、片膝立ちの観音像に見せながら、背中にはっき

りとした十字が刻まれている。厨子から出さない限り、それがバレることはないだろう（右中2点）。

額と唇にかすかに紅をさした石のマリア像は、見るからに美しいお地蔵さまといったふうだが、背中に見事な十字が刻まれ、潔いほどだ（右下2点）。

このように表向きは観音や地蔵であるけれども背中に十字やキリスト像というのは、とても多いパターンで、中には背中の蓋を外すと、内部にキリスト像が隠れているタイプもある（左上）。

大黒様の背負う袋に蓋がついていて、その中に磔像というのも面白かった（次頁）。

さらに、もともとはなかったキリスト像を彫ったものもある。

能勢妙見菩薩像とされる精緻な像は、背中にあとからキリスト像が付けられたものだという（193頁上）。なるほど、一から作るのではなく、そうやってすでにある像を使う方法もあるのだ。

だが私が思うに、背中に彫るのはずいぶん

やばいのではあるまいか。ひっくり返されたら終わりだ。

そういう意味では、この隠十字仏像のような工夫も必要かと思われる（193頁下）。

痛快な神像もある。

家康像とされるそれは、見た目は堂々たる家康像であるが、頭を取り外すと首の断面に十字が刻まれている。さらに手元に抱えた板状のものにも十字が刻まれ、これは釜炭を塗り込んで隠していたとされるが、よく見ると巾子《こじ》と呼ばれる頭上の冠部分にもそれとわからないほど小さな十字が刻んである（194頁上2点）。

家康といえば禁教令を敷いた張本人であり、その家康を拝むと見せて実はキリストを拝んでいるという皮肉。それも3つもの十字を背負わせ、もっと言うなら、家康の首をとってそこに十字というのはまさに痛烈なる風刺を含んでいるとも言えて、よくぞこんな危険なものを隠し持っていたものである。

私がいいなと思ったのは、かわいいお地蔵さん（19

第 9 章

# 隠れキリシタンの魔鏡

能勢妙見菩薩像

隠十字仏像

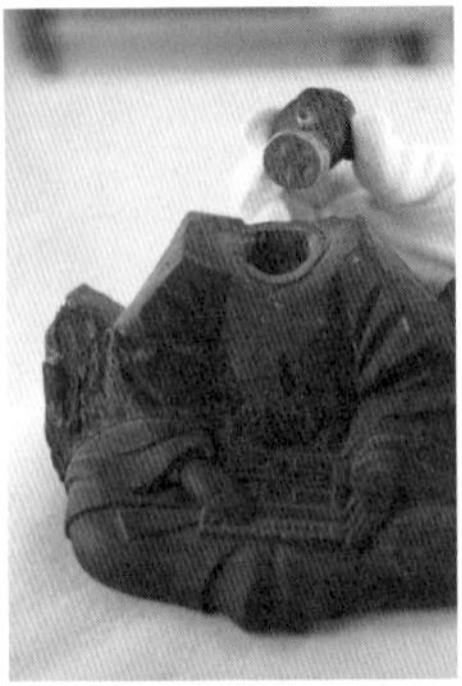

4頁中2点)。
背中にラフな十字が彫られていて味がある。
素朴なつくりの大黒様もよかった(194頁下右)。
これは手に持った小槌が十字を表しているが、ふつうはこっちに向かって振り上げている小槌が横向きになっているところがミソだ。全体にカクカクして技術的にこうしか彫れなかったふうを装っているのがうまい。
そして、ジゾース様と呼ばれた像(右頁下左)。
ジゾースとは、地蔵とイエス・キリストの呼び名をかけたもので、つまりダジャレである。人に聞かれたときは、おジゾー(ス)様とかいって、語尾を濁してごまかしたのだろうか。
フランシスコ・ザビエルが、大日如来のことを、
ダイニチ→デニチ→デウス
と読み替えて布教活動を行なったエピソードを思い出す。大日如来の正体はデウス様だったと言いたいわけだ。それに反対する仏教徒たちは、デウスのことを、
デウス→ダイウス→大嘘《ダイウソ》
と読み替え、これもダジャレで対抗した。
宗教闘争というような重大な場面でも人はダジャレを使う、という事実には驚きを禁じ得ない。

ところで、すでに時代は昭和であったとはいえ、これだけの遺物を譲り受けるのは相当な苦労だったのではないだろうか。人は代々祈り続けてきたものを、そう簡単に手放すだろうか、と不思議に思った。

西田さんにその点を尋ねると、家に伝わっているけれども自分はクリスチャンではないという人もあっただろうし、そのなかには神仏だから処分できないという人も結構いたのではないか、そんなときに澤田美喜が集めているとなれば、出す人もあったでしょうとのこと。

なるほど、信仰そのものも手放していたのであれば、こだわりは少なかったのかもしれない。

展示品には、ほかにも、装飾の精緻な携帯式の聖餐式用具、細川ガラシャの使用したかんざし、お寺の蟇股（かえるまた・梁のうえにある欄間のようなもの）に偽装されたキリスト降誕図など、珍しいものが多くあって、いつまでも見ていたかったが、面白い面白いと喜んでばかりいると不謹慎な気もするので、西田さんにお礼を言ってこのへんで切り上げることにした。

最後に西田さんは、

「このように250年もの間、守り抜いた信仰があるということを、キリスト教が16世紀半ばにはるばる命をかけて日本にやってきたということも含めて、多くの人に知ってほしい」とおっしゃっておられた。

隠れキリシタン美術に惹かれる者として、そのことをゆめゆめ忘れないようにしたい。

# 第10章

# 渓谷と森の番人

## 気になっていた広大な風景

数年前、ある取材で栃木県の足尾銅山を訪れた。そのとき見た風景が今も印象に残っている。銅山はすでに閉山し、現在の足尾の町は渡良瀬川の源流である松木川に沿ってあまり人気《ひとけ》のない集落が続いている。製錬所跡の大きな煙突を過ぎると比較的大きな堰堤があり、その手前が親水公園だった。川はここから3つに分かれてさらに上流へ続くのだが、そこから先は工事専用道路ということで一般車両は通行止めになっていた。

その通行止めの先の景色が、妙に広大だったのである。

それまで足尾銅山の廃墟を眺めながら狭い渓谷をやってきたので、その唐突な広さに意表を突かれたのかもしれない。実に開放的に見えた。

むしろ開放的過ぎるようにも思われた。こんな奥地にあるのにあまりに広々として、まるで日本じゃないようなのだ。こういう景色はヒマラヤとかアンデスの山中にあるべきだった。

違和感の原因はすぐにわかった。

緑が少ないのである。

禿山とまではいかないが、山に木がほとんど生えていない。

## 第10章
# 渓谷と森の番人

堰堤のすぐ上は湿地のようになっていて、もともと明るく開けた土地なのだが、周囲に木がないとなるとますます広く感じられる。

私は本当に、何度か旅行したことのあるヒマラヤの山間の風景を思い出していた。ヒマラヤだって木は生えているが、標高が高くなると木々は小さくまばらになって土の地面が目立つようになる。その景色にとてもよく似ていた。

なんと雄大な風景だろう。

東京の近くにもこんな大きな風景があるのだ。

私は考えた。

この渓谷をどこまでも進んでいくといったい何があるんだろう。

奥には知られざる神秘の王国があって、中世から変わらぬ暮らしを続けている……なんてことはないと思うが、何か日本離れした世界があるのではないか。

この先に行ってみたい！

しかし一般車両は通行止めだ。

残念すぎる。

今すぐにでもゲートを破って進入し、その景色のなかをドライブしたかった。

とはいえダメなものはダメだから、そのときはあきらめて帰ってきたのだった。

帰宅後、やはり気になってあの先がどうなっているのか調べてみた。

地図上では、あれ以上遡っても町や村はないようだった。3つに分かれた川のうち一番左と中央の川は、西の皇海山《すかいさん》方面へ続き、一番右は北上して日光中禅寺湖の南の山稜にぶつかっていた。この一帯は日光の裏手にあたるのだ。

ただうれしいことに、車両は入れなくても、徒歩だと入れることが判明した。中央の松木渓谷は工事車両用の道が並走していて、それを歩いていけるらしい。ちょっとしたハイキングコースとして紹介されていた。奥には松木ジャンダルムと呼ばれる岩峰があるようだ。ジャンダルムとは登山用語で頂上へ向かう途中に立ちはだかる岩峰のこと。ロッククライミングの穴場でもあるとのことだった。

んんん、見てみたいぞ松木ジャンダルム。

そんなわけで今回はその松木渓谷に行こうと思う。あの荒涼とした風景には東京近郊とは思えないスペクタクルが感じられる。

## スペクタクル足尾銅山

平地ではとっくに桜も散った4月の終わり、山の雪解けを待って、われわれスペクタクルさ

第10章

# 渓谷と森の番人

んぽ隊は宇都宮駅に集合した。

今回はどういうわけか同行者が4人。かつてない大所帯である。いつものシラカワ、スガノ両氏のほか、たまにやってくるニシ氏、そして若手のイケメン編集者ムラカミ氏が新たに登場した。

ムラカミ氏は私とふたまわりも違う平成生まれで、息子といってもいいような年齢だ。ニシ氏は相変わらずのバカンス風ファッションで、この取材を有給休暇のようなものとして認識している様子がうかがえる。それでみんなでお弁当を買ったりすると、全体として親戚旅行のような雰囲気が漂った。

レンタカーに乗って出発。

日光方面に向かう道を途中で南へ折れ、山中へ入っていく。日光方面は混雑していたが、足尾方面は空いていた。天気は快晴。まさにハイキング日和である。

車中で、初登場のムラカミ氏が学生時代サークルで歩きまくっていたという話を聞く。ウォーキングのサークルといえば聞こえはいいが、なんでも男ばかりのサークルで、集団で学ランを着て歩いていたというから、どうも尋常なサークルではなさそうであった。

1日の平均行軍距離40キロ、食費は100円以内と決まっていたといい、それで沖縄一周とか、九州縦断とかやっていたらしい。しかもとくに風光明媚なハイキングコースを歩くわけでもなく、ひたすら国道に沿って歩くだけだというから、いったい何が楽しいのか、さっぱり得体が知れないというか意味不明というか、端的にいってアホの集団と思われ、実に人間の本分をまっとうした高邁なサークルであると感心した。意味のないことに情熱を注いでこそ人間である。

人は大人になるとおおむね意味ありげに生きるようになり、そのせいで無理が高じてどんどん不自由になってしまうから、ムラカミ氏にはぜひこのまままっすぐ正体不明に進化していってほしいと思う。

昔話に聞き入っているうちに、気がつけば車は足尾の町に入っていた。

平野部ではもう青葉に変わった桜が満開になっている。穏やかなちょうどいい日に来たものだった。

足尾銅山は、明治20年（１８８７年）頃には日本の国産銅の4割を産出していたそうである。この町も一時はガソリンで走る小さな路面鉄道が敷設されるほど活況を呈したが、採掘に伴って流出した重金属による渡良瀬川の汚染や、製錬所から出る亜硫酸ガスが社会問題となり、その後は公害の町としてのイメージが定着してしまったのは有名だ。

昭和48年（１９７３年）に銅山が閉山してからは人口も減り、今はすっかり寂れた風情である。

建ち並ぶ古い住宅の間を縫い、松木川に沿って北上していくと、すぐに見覚えのある製錬所跡の煙突が見えてきた。

銅《あかがね》親水公園の駐車場に車を停め、公園内にある足尾環境学習センターでパンフレットをもらう。ちょうど松木渓谷のさんぽマップも載っていた。

前回引き返した車止めのゲートのそばに立って上流を眺めると、やはり景色が広大だった。

緑が少ないのは、もとからこうだったわけではなく、実はこれも銅山が原因である。銅山で使う薪をとるために大量の木々が伐採されたうえ、亜硫酸ガスによって残った木も枯れてしまい、その結果大地が保水力を失って表土が流れ、新しい木も育ちにくくなったのだ。

製錬所跡の煙突

岩肌が露出しているのがわかる

今は渓谷沿いに緑化事業が進められているそうだが、取材時に聞いた話では、もとどおりになるには最低でも100年はかかるとのことだった。

壮大な話である。

ただ、勝手ながら観光客

の立場で言わせてもらうと、このまま緑化されなくても十分いい景色だ。

もちろん木がないと表土が流出し土石流が発生したりするから緑化は必要だと思うけれども、単に見た目だけで考えると、山が緑に覆われればわりとどこにでもありそうな風景に戻るわけで、むしろこの珍しい眺めのままのほうが見応えがある気がする。

実は以前銅山を取材したときに、足尾は観光地としてのポテンシャルがとても高い場所だと確信したのだった。現在の足尾は観光で活性化できているとは言い難い状況だが、知れば知るほど他所にはないトピックがあるのである。

観光の中心はもちろん銅山で、鉱山観光というだけでは全国にあるからとくに珍しくもないけれど、足尾は鉱毒事件の現場でありダークツーリズムの拠点としてのポテンシャルがある。それだけではなく、一般には開放していない緑青で輝く美しい洞窟や、東京ドームがすっぽり入る巨大穴があるというから興奮した。

また町には明治時代の迎賓館や、鉱山住宅と呼ばれる長屋も残っているし、美しい渓谷に沿って走るわたらせ渓谷鉄道でアプローチできることや、かつて走っていたガソリンカー（路面の軌道上をガソリンで走る乗合いの機関車）を復活させればそれだけでも面白そうだし、もっというと当時は鉄索といって資材運搬用のロープウェイが山向こうの群馬県まで通じていて、銅山の作業員が勝手にそれに乗って町に出たりしていたというから、それもリフトみたいにして再現すれば、乗物ファンにもウケると思うのである。

で、そうやってアトラクションを増やしたうえで、その上流に広大で日本離れした自然が広がっているとなれば、全体として唯一無二のスポットになれそうな気がするではないか。日本の鉱山観光地でそんなにいろいろある場所は他所にない。

こうして書いているだけでなんだか面白そうだ。今すぐにでも東京ドームがすっぽり入る巨大穴に入ってみたいし、リフトで山を越えてみたい。

## 森の番人ジャンダルム

だがまあ、とりあえず夢想は置いておき、今回目指すのは上流の松木渓谷である。

車止めのゲートをくぐり、もらった地図にしたがって歩きはじめた。鉄板を敷いた橋があり、渡りながら川面を見下ろせば透明な水が爽やかである。

3つに分かれた川のうちのまんなかが松木川で、地図にはその出会い部分に星空観測のマークが描かれていた。なるほど人家もなく空の広いこの堰堤上の湿地は星を見るのによさそうだ。

道路沿いには、小学生の手で植林されたダケカンバやヤマボウシ、サンシュユなどの若木があって、一本ごとにぐるっと柵がめぐらされ、動物による食害から守られていた。一帯には鹿が生息し、まれに天然記念物のニホンカモシカも現れるのだそうだ。そのほか、ツキノワグマやオオワシ、イヌワシ、オジロワシなどもいるというので、ワシはいいけど熊には出会いたくないものであった。

　上流に稼動中の小さなプラント施設が見え、そこへ向かって歩いていった。このあたりはまれにダンプも通り、風景もやや埃っぽい。右手の斜面の一部が不自然に黒くなっているのが見える。もらった地図にカラミ堆積場とあって、そこは銅を製錬する際にでた不純物が捨てられているのだった。

　そしてプラントとカラミ堆積場を過ぎたあたりから、風景がまた変わってきた。左の山手に荒々しい岩峰が見えはじめたのだ。

松木川に沿って歩く

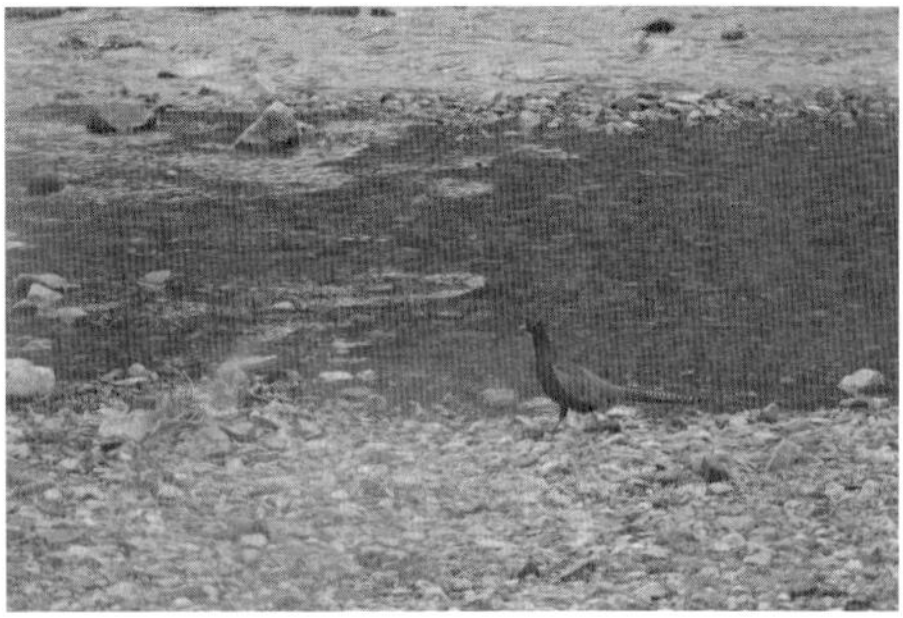

川原にはキジがいた

第10章
# 渓谷と森の番人

真っ黒なアスファルトを敷いたかのようだ

その荒々しい斜面の下に建物の廃墟みたいなものも見える。3階建てのコンクリートの建物で、大きな窓が黒々と口のように開いて、なんだかわからなかったが勝手に中世の城のつもりで眺めた。

だんだんスペクタクルになってきた気がする。

緑薄い山肌もどこか別世界じみていた。ヒマラヤというよりSF映画で見るよその惑星みたいだ。

なんでもこのあたりには、かつて村があったそうだ。

松木村と呼ばれ、亜硫酸ガスによる被害や山林の乱伐、そして大火によって住民が減って、明治35年（1902年）に廃村となったという。今では建物はなくなって、ところどころ古い石垣や墓碑などが残っているだけだ。

銅山の煙害がひどいので、明治30年（１８９７年）に製錬所に脱硫塔をつくったら、もっとひどくなってしまったのである。脱硫塔といっても、ただ高い煙突を立てて有害物質を拡散させるだけのいい加減なものだったらしい。おかげで製錬所周辺はよくなったが、周囲の村はむしろ亜硫酸ガスが余計にやってくるようになったというから笑えない。

「ここに村があったかと思うと、ちょっと不気味です」

シラカワ氏が言った。

今は明るい斜面であるだけに、かえって廃村に追い込まれたときの状況が重苦しく想像されるのかもしれない。

だが、私の頭に浮かんでいたのは、それとは別のことだった。

西部劇だ。

なんとなくそこは、日本の廃村というより西部劇に出てくる山賊に襲われた村跡といった風情だったのだ。なんだかメキシコのソンブレロが似合いそうな景色といえばわかってもらえるだろうか。

その先で、左手の岩山の上流にいっそうゴツゴツと盛り上がる岩峰が見えてきた。

花を供えるための筒が置かれている

## 第10章
# 渓谷と森の番人

西部劇に出てきそう……？

——ジャンダルム。

岩峰はそこまでの土のついた斜面と違って、完全な岩の塊だった。斜面に腰を下ろし対岸を見守る巨人のようだ。実際、森の番人と呼ばれているらしい。

即座に思い出したのが、映画「ネバーエンディング・ストーリー」に出てきた岩の巨人である。あれは何という名前だったか。とにかく岩がただ岩でなく、意志を持っているかのように見えた。

たぶんこの岩峰だけみれば全国に同じようなものはあるのだろう。ただそれが無骨な山肌から立ち上がっているところに、日本らしからぬ雰囲気がある。

ようやくたどりついた。ここが今回の目的地だ。

といっても歩きはじめて1時間しかたっていないが、私としては以前銅親水公園で広大な景色を見てからだから、ずいぶん待ったのである。

## 神秘の王国への道

ちょうどその森の番人の向かい、前方右手に斜面が崩壊しているところがあった。マップではそこに×印があり、この先は行けないようだ。落石が危険と警告があったが、そこらじゅうに大きな岩がごろごろしていて言われなくても危険だとわかる。ガードレールがあって落石でボコボコになっていた。

ガードレールは崩壊した斜面の向こうへと続いている。

なんだか奇妙な風景だった。

「ここ変じゃないですか」

シラカワ氏も同じことを感じたようだ。

「向こうにガードレールが見えますけど、あそこまでいく道路がありません」

そうなのである。崩壊した斜面の手前に道路の痕跡がないのだ。道路はこっち側ではなく、斜面の向こう側に通じていた。

あべこべじゃないだろうか。

ここまで道路があったのに、ここから先は崩落で通れなくなってるというのが一般的な展開

第10章
# 渓谷と森の番人

番人感を感じて頂けるだろうか

だと思う。それなのに道路はこっち側ではなく向こう側に続いていて、崩壊のせいでこっちに来られないようになっている。そしてこちら側にはガードレールのところまで通じる道路がない。

これではまるで山奥のほうに文明があり、こっちが未開の地みたいではないか。

「なんであっち側だけ道路があるんでしょうか。あの道路はどこから来たんでしょうか」

この先には村もなく、道路は皇海山の麓にうやむやに消えていくはずなのだが、目の前の風景は逆にこの先にこそ人の住む世界があるように見えた。

ひょっとして現代社会と隔絶された知られざる王国があって、そこには中世の時代から掟を守ってひっそりと暮らす幻の民が……。

見にいきたいが、この先は銅親水公園の一

般車両通行禁止とちがい、正真正銘の通行禁止だ。行けば5%ぐらいの確率で落石に直撃されるだろう。そこらじゅうの石が転げ落ちる気まんまんな雰囲気であった。

そうしてみると、まさしくジャンダルムがこの先にある神秘の王国の番人であるかのようにも思えてきた。岩を落として侵入者を防いでいるのだ。

「番人感ありますね」

ムラカミ氏が言った。

まさに立ちはだかってるとしか言いようがない。

川の左手、ジャンダルムのさらに上流には、ますます高い山がそびえているのが見えた。その山肌も灰色で、まだ春先だから木々が目立たないのか、それともそこも表土流出して木々が根付いていないのかは私の目ではわからない。

できればもっと近寄って、あるいはそこまで登ってどんな感じか味わってみたい。ジャンダルムはロッククライミングでも使われるから、それを登って進むことはできるかもしれない。だが、あくまで今回は散歩であって冒険ではないので、そこまでするには準備が足りなかった。スペクタクルの核心部がきっとこの先にあるのだろう。たぶんこんなふうになっていると思うので、いつか行ってみたい（次頁）。

ほんの1時間程度歩いただけだが、別世界に紛れ込んだというのは大袈裟にしても、別世界の入口まで来たというか、珍しい感じの道であった。

# 第10章
# 渓谷と森の番人

われわれはその後岩が落ちてくる心配のない松木村跡に戻って、みんなでお弁当を食べた。宇都宮で買った牛肉弁当である。

「どうでしたか、シラカワさん」

「なんかあげ底になってて、ごはんが少なくないですか？」

「そうじゃなくて松木渓谷！」

「あ、すみません。珍しい場所だなあと思いました」

今は弁当以外のことは考えられないというふうなそっけない返事であった。

「でもプライベートでは来ないかな」

お弁当を食べ終わると、われわれはまた同じ景色を見ながらぶらぶら歩いて帰った。帰宅後に、グーグルアースで松木ジャンダルムの上流をめいっぱい拡大してみたが、そこに知られざる王国のようなものは映っていなかった。森の番人によって巧妙に隠されているにちがいない。

※お出かけの際は、各自で現地の最新情報や必要な装備を十分にお調べの上、ご準備ください。

# 第11章

# 本物の砂漠を見に（前編）

# 砂漠へは高速艇に乗って

日本に砂漠がある。

という話を初めて聞いたとき、私は当然のように鳥取砂丘を思い浮かべた。しかし、あれは砂漠ではなく砂丘である。

砂漠と砂丘は似ているようで全然違う。

砂丘は砂が溜まって丘になった場所であり、いわば砂場であるから、砂さえどっさりあればできる。逆にいうと、砂をどければ普通の土地である。

しかし砂漠はそうではない。

不毛なのである。

砂をどけようが何しようが不毛。

砂丘と砂漠、どっちが偉いかといえば、それはもう砂漠であり、凶悪度において砂丘など足元にも及ばないのだ。

そして、そんな凶悪な地形は大陸にしかないと思っていたら、日本に一か所だけ本物の砂漠があるという。

## 第11章

# 本物の砂漠を見に（前編）

しかも東京に。

本当だろうか。

本当であれば、東京近郊スペクタクルさんぽと銘打つこの連載で行かないわけにはいかない。

しかし砂漠なんて東京のどこにあるというのか。

実は伊豆大島にあるのである。

伊豆大島は名前からすると伊豆半島と同じ静岡県に属していそうだが、伊豆諸島と呼ばれる島々は全部東京都に属している。東京都民は普段ちっとも意識していないが、小笠原諸島含め、東京は島だらけなのだ。

たぶん多くの都民は、それらの島に足を踏み入れたこともないだろう。どんな島かもろくに知らないにちがいない。かくいう私もたいして知らなかったのだが、それにしたって砂漠があるならもっと知られていてもいいのではないか。しかも伊豆大島は、浜松町から高速艇に乗れば2時間で行けるのだ。

すぐそこやがな。

そんなわけである日の朝、私は早起きして浜松町の竹芝桟橋に向かった。

いつもの面々と砂漠を見にいこうというのである。

着いてみるとシラカワ氏はもう来ており、スガノ氏などは先に現地入りしているという。みんなやる気まんまんだ。

ムラカミ氏は下船時に切符をなくして怒られていた

ただもうひとりのムラカミ氏がいないと思ったら少し遅れて現れ、間違って船会社のオフィスのほうに行ってましたと言った。なんという斬新な間違え方であろうか。船に乗るのに桟橋に行かずに船会社のオフィスに行くとは。

ムラカミ氏は、自分はかなりの方向音痴であると告白したが、方向の問題じゃないと思う。

こうしてわれわれは伊豆大島へ向かう高速艇に乗り込んだのだったが、シラカワ氏が、

「たった2時間で行けるとは知りませんでした」

と興奮気味で、彼女も東京都民なのだが、やはりこれまで島など眼中になかったことがわかる。そういえば東京湾フェリーに乗ったときも、おおいにはしゃいでいた。船自体めったに乗らないのらしい。

まあ騒いだわりには動き出すとグーグー寝ていたが、船のほうは予定通り2時間弱で伊豆大島に到着。スガノ氏が合流し、全員が集結した。

## 砂漠とジャングルの境目

さっそく砂漠へ向かうべくレンタカーを借りに行く。
残念なことに港は晴れていたが山にはガスがかかってい
て、レンタカー会社の人に聞いてもしばらく晴れそうにな
いとのことである。砂漠は三原山の中腹、標高５００メー
トル付近にあって、そのあたりまでどっぷりガスに覆われ
ていた。
試しに山頂遊歩道の入口がある茶屋付近まで車であがっ
てみたものの、視界は50メートルあるかどうかで、これで
はとても砂漠は見られそうもない。
どうしたものか考えた。
伊豆大島は三原山を中心とした楕円形をしている。地図
によれば砂漠があるのは三原山の東側斜面で、この一帯は
裏砂漠と呼ばれている。茶屋に近い西側にも表砂漠という

まっしろ

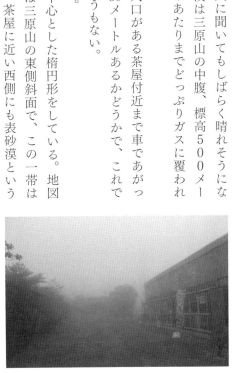

表記があるが、広いのは断然裏砂漠のほうだ。

シラカワ氏が、車でその東側の山麓へ回り、大砂漠コースと呼ばれる登山道をガスのある手前まで歩いてみてはどうかと言い、そうすることにした。下のほうの砂漠が見られるかもしれない。

「地図には他にもテキサスコースとか、月と砂漠ラインとかありますけど、ここが一番砂漠が見られる気がします」

周回道路を走ってみると、島の東側は人家も少なく森の緑も濃く、砂漠感はまったく感じられなかった。むしろジャングルのほうが親密に思われる。この上に砂漠があるとは、なんだか奇妙な感じだ。

車を停め、裏砂漠入口と書かれた看板の脇から登り始めた。

相変わらず上のほうはガスで見えないが、この高さにガスはなく、周囲には独特な風景が広がっていた。

一見ジャングルのような濃い森が突然開けて、溶岩でできた黒土がむき出している。足元だけ見ると不毛な大地といった風情だ。足元は不毛なんだけど周囲は緑いっぱいで濃厚である。

第11章
本物の砂漠を見に(前編)

## 黒い不毛と緑の濃厚

モノクロ写真でわかりにくいが、
緑と黒の世界

コントラストがあまりにきっぱりとしているので、思わずその境目にいって、何か劇的なことが起こっているのではないかと、緑の生え際をしみじみ眺めてみた。

私の観察によると、ジャングルと黒い大地の境界には、草がまばらに生えている中間的な地面があり、そこでは雑草が黒い小石の大地に根付いていた。雑草の周囲には枯れ草がパラパラと散らばっていて、私はそのパラパラの枯れ草に重要な秘密が隠されているとみた。

たぶん昔に根付いて死んだ草だろう。

枯れ草なんて一見何の役にも立たなそうだが、枯れ草も積もれば土になるわけだし、根が黒土に食い込んで残っているために、それに縦横に小石がからまって、そのあたりの土が結託している。枯れ草自体には水も滲みこんでいるので、次世代の草も生えやすいにちがいない。

そう思うと、これは実に重要な枯れ草であった。

そうして草が世代を重ねることでその一帯がそこそこい地面となり、やがて月日を経ると真の草地と化して、今度は草ではなく樹木が生えるようになる。

私の見立てでは、不毛と濃厚、砂漠とジャングルの境目はそういうことであった。

傾斜は緩慢ながら、登っていくにつれ濃厚な生態系は少しずつ後退し、不毛な黒土が占める割合が多くなっていった。草の結託がまばらになると樹木は生えられなくなり、ある程度登るとジャングルは完全になくなってしまった。あたりに見える緑はもう全部草、それも小さくまとまった斑点状の草だけである。

逆に黒土の道はすっかり広くなって、最初は生活道路ぐらいだったのが1時間も歩くと高速道路ぐらいの幅になり、いよいよ全面的に砂漠と化すのも近いと思われた。

が、ここでガス。

この先は真っ白だ。

行く手を阻むガス

なんか砂漠っぽいけどまだ砂漠じゃない。もう少しで一大スペクタクルが見られそうなのに残念である。

「ここまでですね」

シラカワ氏が言った。

これ以上進んだところで何も見えないし、迷子になっても困るので、ここで引き返し明日に期すことにした。

## スガノ氏の失敗

空いた時間で海を見にいった。

海と砂漠に何の関係が？　と疑問に思う人があるかもしれないが、島に来れば海にいくのは当然である。

島の南にある波浮港から少し西へ行ったところにトウシキと呼ばれる磯があり、伊豆大島に行くならトウシキは必ず訪れなければならないスポットとして以前から心に刻まれていた。

理由は単純だ。

磯の水中景観が美しく、シュノーケラーの天国として知られているからである。

今回はまだ6月の頭で海で泳ぐには早かったが、一応何かあったときのために水着とシュノーケルを持ってきていた。

言うまでもないが、このことで読者は、私が砂漠を見るといいいながら実は海で遊ぶために伊豆大島に来たのではないかなどと疑ってはならない。悪天候に備え、別の選択肢を用意していた周到さと理解すべきである。

そうしてトウシキに来てみれば、噂の通りの透明感あふれる素敵な磯であったけれども、水温が低くウェットスーツがないと凍えそうだった。なおかつフィンはどこかで借りるつもりで持って来ていなかったこともあり、熟慮の末、今回は残念ながら涙をのんで、靴下のまま入ることにした。

データは無事救出できました

シラカワ氏とムラカミ氏が陸から「まだ6月になったばかりなのにどうかしている」という表情で見ていたが、ワイルドなスガノ氏だけはフィンもちゃんと持ってきていて、私よりも積極果敢に海に入っていた。もともと山岳部に所属していたスガノ氏はガタイもよく、アウトドアで活躍しそうなタイプなのだ。そうしてスマホで水中写真を撮ろうとして水没させていた。

「何の反応もない。画面を押すと横からプクプク泡が出る」

50メートル防水と信じていたら生活防水だったそうだ。

南無阿弥陀仏と言わざるを得ない。

スガノ氏がそうまでして撮影したかったトウシキの海は、たしかに色とりどりのイソギンチャクが鮮やかで美しかったのである。

## 砂漠とプラモ屋

翌朝、標高だいたい５００メートル付近にある大島温泉ホテル周辺にガスはなかった。

空は曇ってはいたものの、三原山を見ると山頂が見えている。

おお、あんな山だったのか。

それは実に火山らしい優雅さをたたえた山であった。なだらかな山容が美しい。

われわれはホテルに頼んでおいた昼食用のおにぎりをもらい受け、天気が変わらないうちに出発した。

裏砂漠に行くには、昨日途中まで登った大砂漠コースのほかに、テキサスコース、月と砂漠ラインなどを登る方法、さらに三原山の火口遊歩道から東に山を下ってくるルートと、この温泉ホテルから溶岩地帯を抜けていくルートがある。

われわれが行こうとしている温泉ホテルルートは、出発地点がすでに標高500メートルにあるため、裏砂漠を眺められる外輪山の櫛形山まで標高差150メートル程度登るだけで済み、なおかつ途中ほぼ全行程が平原の中を歩くということで、一番楽なルートと言えた。

道ははじめこそ林の中で見通しが悪かったが、すぐに溶岩の平原となって視界が開けた。

三原山の稜線が正面に見える。

火山の稜線は地球の若い素肌という感じがする。たいてい樹木が生えていないうえ、地形がまだ浸蝕されておらず、なだらかなのだ。三原山の黒い素肌も、刷毛ですっとなぞってみたいようなカーブで、見惚れてしまった。

溶岩がそこらじゅうで立ちあがり、何かの生きものの群れのように見える。その隙間に草。ここでも緑と黒のコントラストが際立っている。

歩くうちに昨日と同様、緑が減り、立ちあがっていた溶岩も平らかになって、あたりはだん

トトロでも出てきそうな登山口

だんだん砂漠らしい雰囲気を醸し出してきた。三原山の左手にゆるくそびえる櫛形山にとりつくと、そこはもうボタ山のようななだらかな斜面しかなく、草の姿も消えてなくなった。

左手、山裾方面に黒い大地が広がっている。

砂漠だ。

ついに見えたぞ、本物の砂漠。

平原が開け、三原山も見えてきた

ひたすら黒い大きなグラウンド。

これはなかなか見られない風景だ。

たしかになかなか見られないけれども、砂漠というにはちょっと狭い感じもする。周囲から徐々に緑が浸蝕し、黒土だけの地面は一定の範囲に限られていた。

しかも砂漠と聞くと地平線とセットになっているイメージがあるが、ここに地平線はなく、うっすらと立ち昇る水蒸気のむこうに微かに海が見えている。見えるとしたら水平線だ。

水平線の見える砂漠。

それはそれで珍しいかもしれない。

反対側に目をやると、三原山の山頂にむかって同じようになだらかな黒土が広がり、やはり草の緑が斑点模様のように

左に見えるシラカワ氏の大きさから、この景
色のスペクタクルさが伝わるだろうか！

それを浸蝕していた。

こうして見ると裏砂漠といっても、完全なる不毛の土地はそれほど広くないようだ。噴火がなければそのうち緑がどんどん広がって、ここもやがて森になるのだろう。

櫛形山の頂上に到着。

周囲をぐるりと砂漠に囲まれた日本で唯一の場所。

本物の砂漠！　黒い！

立ち込めるガスが神秘的な景色を演出

ようやく来れた。

シラカワ氏が「国道歩きとどっちがいい？」とムラカミ氏に訊いている。

彼が学生時代、学ランを着てひたすら国道を歩くサークルに属していたことは前回書いた通りだ。ムラカミ氏は「国道ですね」と即答していた。

そうなの？

「潰れそうなプラモ屋とか

見つけたりして楽しいんですよ」

はるばる見にきたこの雄大な風景がプラモ屋に負けるとは。

だがまあ、砂漠だから感動しなければならないという法はべつにないのであった。

遠くに見えるのが櫛形山頂上

## もうひとつのスペクタクル

ともあれ日本唯一の砂漠を見るという今回のミッションは達成した。

砂漠はそれなりに砂漠であったが、一般にイメージするラクダ的な砂漠とは違い、海が見えていた。草も結構生えていて思ったほど不毛でもなかった。

それでも異世界のような眺めは目に心地よく、自分はこういう風景がかなり好きであることをあらためて実感した。不毛でシンプルな自然の風景が胸にしみる。プラモ屋との違いは、深呼吸したくなる点だろうか。

人間、いい歳になると、ときどき深呼吸しないと喉に痰が詰まって気持ち悪いのである。

## 第11章
## 本物の砂漠を見に（前編）

ところで、私にはもうひとつ三原山で見てみたいものがあった。

それもまたスペクタクルなものであり、実はこの旅の計画段階からずっと気になっていた。

それは火口の反対側、表砂漠のほうにある。

さっそく見にいきたい、と行き道を調べていると、

「ここから一気に行けそうだよね」

と三原山を見あげてスガノ氏が言った。

何かとワイルドな彼は、トウシキでも生活防水のスマホを手にがんがん海に潜っていたわけだが、今度は登山道を無視してショートカットを企んでいるようだ。

たしかにここから見る三原山はパラパラと緑が散らばるだけの見通しのいい斜面となっていて、一気に櫛形山を駆け下ってとりつけば、あとは長い坂を登るような感じで山頂まで行けそうに見える。

ただ不安なのは、樹も何もないせいで遠近感がなく、山頂が遠くにあるのか近くにあるのかよくわからないことだ。見た目以上に遠く、斜面が急峻だということもありえた。

スガノ氏もさすがに強行突破するのはためらわれたようで、無難に地図に描かれたルートを行くことになった。裏砂漠から三原山の火口遊歩道への道は、いったんホテルのほうへ戻ってから左に分岐し、山の北側を回り込むように続いている。

しばらく進んでから振り返ると、櫛形山の斜面が崖になっているのが見えた。

山まで突っ切れるか検討中。やらなくてよかった

今もなお活動中の三原山噴火口

崖？
崖になっとるがな。駆け下らなくてよかったぞ。

おまけに三原山の麓部分には割れ目噴火口跡があり、そこも断崖になっているようだった。思いつきのまま突っ切らなくてよかった。勢い余って噴火口に落ちていたかもしれない。

その後、日差しの出てきた登山道を黙々と登って、三原山の火口を一周する遊歩道に出、そこから反時計回りに火口見学道に入って火口に肉薄した。

昭和61年（1986年）の三原山噴火では、この火口から北西方向に向かって溶岩流があふれたらしい。そのときに運ばれた巨大な岩が三原神社の上に残っている。

火口は相当深く、展望所から底が見えなかった。パンフレットによれば、この火口には60階建てのビルがすっぽり入るそうだ。

今はかすかに噴煙が立ち昇るだけの火口だが、噴火時はここから溶岩がどっかんどっかん流れ出ていたわけである。

今自分がいるこの同じ場所が、ほんの30年ほど前は死の世界だった。そう思うと、なんともふしぎな感じがする。時間とはいったい何なのだろうか。なぜ同じ場所なのに時間が違うだけで平気なのか。

こういうことは子どもの頃によく考えたが、その後とくに答えは出ないまま大人になり、こうしてふとした拍子にときどき思い出す。過ぎ去った時間はどこに消えたのか。私は昔本当に子どもだったのか。そう考えるとすべての過去は妖怪のようである。

われわれは、火口の赤茶けた景色を見ながらホテルで作ってもらったおにぎりを食べ、しばらく休憩した。

空はもうすっかり晴れてきて暑い。

「午前中曇りでよかったですね」

砂漠は日を遮るものがまったくないことに、日差しを受けてみて気づく。

おにぎりを食べ終わると、暑いので遊歩道から表砂漠ルートのほうへさっさと下りることにした。

表砂漠は、裏砂漠に比べると狭いが、同じように草木の少ない黒い大地である。その外に外輪山があり、その外輪山が低くなって途切れた部分が見える。
そしてそこが今回私が行ってみたかった場所だ。
実は今から80年ほど前、ここに面白いものがあったのである。（つづく）

※三原山は今も活動している活火山です。お出かけの際は、各自で現地の最新情報や必要な装備を十分にお調べの上、ご準備ください。

第12章

# 本物の砂漠を見に（後編）

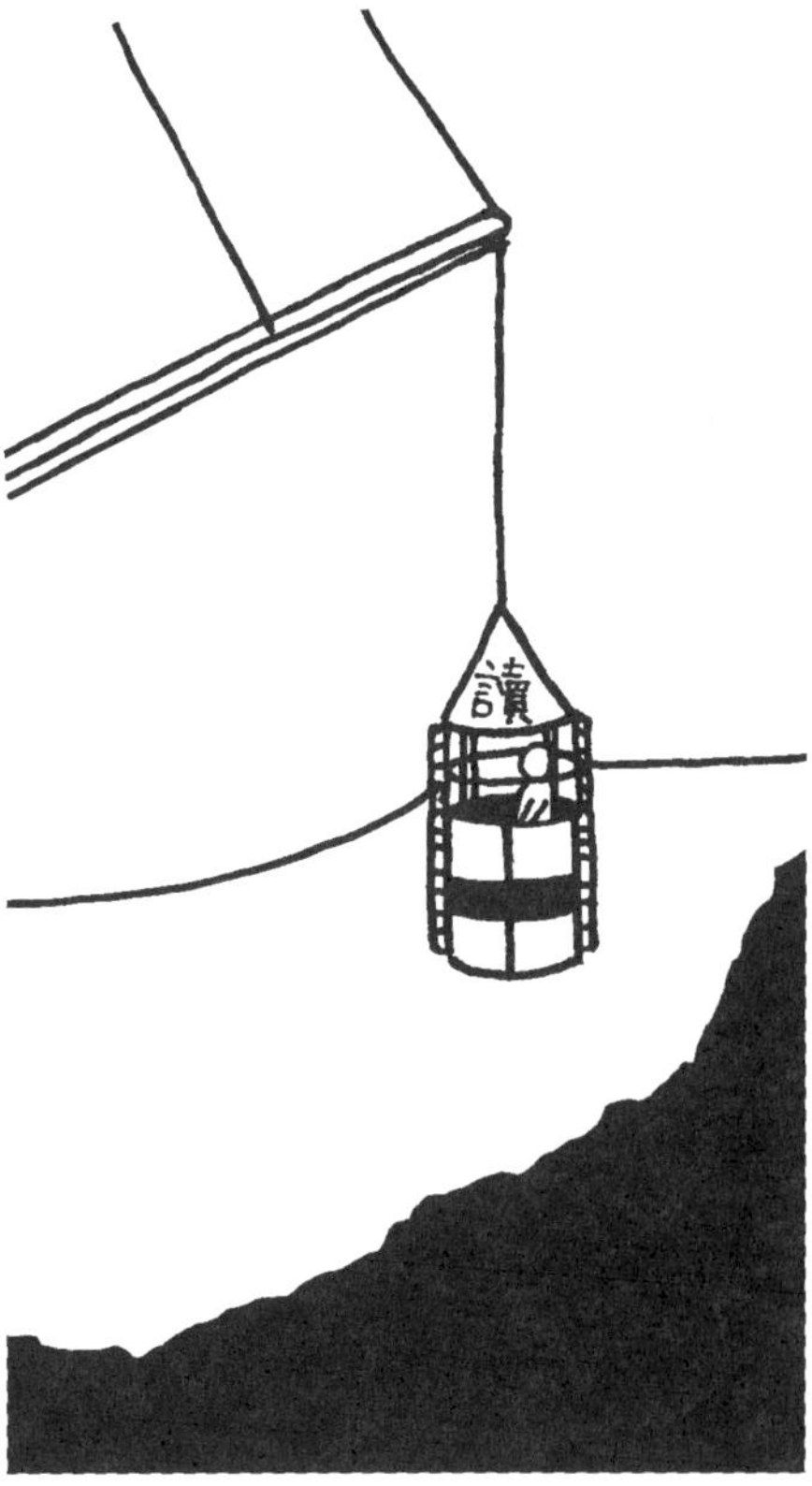

# 三原山のスライダー

シラカワ氏持参の国土地理院の地図を見ると、ちょうど外輪山の切れ目になっている場所から島の西南、間伏方面へと下る登山道の表記があり、そこに「滑台」と名前がふってある。

こんな山の上に滑り台？

そうなのである。ここにかつて滑り台があったらしいのである。

正確には三原山滑走台といい、事前にネットで検索したところ、古い白黒写真がヒットし、そこには長いレールの上をカートのようなものに乗って下りてくる女性の姿が写っていた。滑り台というよりは、スライダーと英語で呼びたい感じの乗り物である。

昭和10年（１９３５年）に造られ、６００メートルの長さがあったそうだが、太平洋戦争が勃発すると昭和17年（１９４２年）には鉄の供出のため撤去されたという。たった7年間だけのレジャー施設だったわけだ。

それにしても、こんな場所にかつて長さ６００メートルのスライダーがあったとは。

想像するだけでワクワクする。

今となっては叶わない夢だが、その滑走台に私も乗ってみたい！

# 第12章
## 本物の砂漠を見に（後編）

今回ここを目指してやってきたのは、そんなスライダーの在りし日の面影を追ってみようと思ったからだった。

地図上で「滑台」とある登山道の終点、外輪山の切れ目にたどりつくと、そこにはコンクリートでできた土台が残っていた。横には壁らしきものの残骸もあって、全体として原型がどうなっていたのかはっきりとはわからない。

一枚の大きな台座が麓に向かってせり出したその正面の海に、三角形の利島が浮かんでいる。当時もきっとあの島影を眺めながら滑り出したのだろう。ここにスライダーを設置しようと考えたのは、この眺めも関係していたにちがいない。

「いいですねえ、この眺め。私もスライダー乗ってみたかったです」

シラカワ氏にもここは響いたようだ。

見下ろすと一面緑に覆われていて、いったいどのへんに600メートルも軌道が敷かれていたのかはわからなかった。

だがどこを下ったのであれ、この斜面を車輪のついた乗り物で滑り出せば、相当なスピードが出ただろうことは想像できる。写真を見ると、はじめはいろは坂のようにくねくねとスピードを殺すコースレイアウトになっているが、途中から一直線に下っており、結構スリルがあったのではなかろうか。

カートにはブレーキがついていて、それでスピードを制御しながら下ったのだそうだ。

んんん、面白そうではないか。乗ってみたい。

今からでも復活してくれないものか。

実は最近、海外のスキー場などでは、これと同じような斜面にレールを敷きカートに乗って下りてくるアトラクションが増えていて、夏場の観光資源となっている。

ネットにはそうしたカートが人を投げ出しそうなほどスピードを出して滑っている映像もあがっていて、見れば見るほど乗ってみたくなるが、やはり危険もあるようだ。この三原山滑走台でも二度事故があったという記録が残っている。

もし復活したなら、まずは若いムラカミ氏を乗せてみて、大丈夫だったら私が乗ろうと思うが、残念ながら現在の日本は、そういう危険を伴う遊戯施設の建設には厳しい基準があり、同じようなものを作ったとしても、かなりスピードを抑えた迫力のないものになりそうである。

いずれにせよ、この場所にかつて人の営みがあったことがたしかめられた。今の茫漠たる風景からは想像するのも難しいが、それをあえて想像してみると、その光景はどこか異世界じみていて、不気味なような悲しいような、せつない思いが胸にこみあげたのだった。

大きな台座。建物の基礎のようだ（撮影：シラカワ）

海の向こうに見える三角の島が利島。利島めがけて滑降していったのだろうか（撮影：シラカワ）

## 中学生による研究「三原山滑走台の謎に迫る」

しばらく風景を眺めたら、われわれは表砂漠を縦断して一般の登山口である御神火茶屋まで出、そこからバスでホテルに戻った。

日本唯一の砂漠と珍しい滑走台の面影を見ることができて、はるばる来た甲斐があったというものだ。私としては大満足で、あとは海にでも行ってプカプカ浮かびたいぐらいに思っていたところ、シラカワ氏が耳寄りな情報を仕入れてきた。

三原山滑走台について、地元の中学生が調べた記録があるというのである。

滑走台が使用されていたのはたったの7年間、それも戦争直前から開戦後までの操業とあって、当時の資料はほとんど残っていない。それを平成になって地元の中学生が自由研究で調べたらしい。やはり地元でも気になる物件であったのだ。

その記録が、元町港に近い木村五郎・農民美術資料館に残っているというので、見せてもらいにいくことにした。

訪ねてみると、木村五郎・農民美術資料館は、藤井工房という名前の喫茶店と同居というか喫茶店そのもので、店主が伊豆大島に関するさまざまな資料を集めて展示しているプライベートなスタイルの資料館だった。

ここには島に関する多くの資料が揃っており、中学生の自由研究まで保管してあるからすごい。

さっそく三原山滑走台に関する資料について尋ねると、平成17年（2005年）の大島第2中学校地域研究発表会というファイルを出してくれた。当時の中学2年生5人が調べたというその記録は、タイトルもそのものずばりの「三原山滑走台の謎に迫る」。

新聞や図書館の資料を漁るだけでなく、当時を知るお年寄りにも聞き取り調査をして、中学生とは思えないほどの綿密な調査を行なっている。

今から10数年前の調査であり、今では亡くなっているお年寄りもあるだろうから、かなり貴重な資料といえるだろう。

さっそく読んでみた。

それによると、滑走台を経営していたのは埼玉からやってきた事業家らしい。当時は川端康成の「伊豆の踊子」が大人気で、その余波で伊豆大島にも観光客が多く詰め寄せ、島は観光ブームに沸いていたそうだ。

滑走台がメインの登山ルートと離れた間伏地区に設置されたのは、ひとつはやはり眺望の良さと、もうひとつは傾斜の緩やかさも理由だったらしい。軌道は3レーンあり、ひとつはカートの引き上げ用で当初は人も乗せて引き上げるサービスが考えられていたが、地元の乗馬組合の反対で下りだけの営業になったという。その頃はまだ馬で人を運びあげる馬子たちがいたのである。

それも最終的には休業補償をする形で決着したとあるから、まさにひとつの産業が衰退していく過渡期であったということだろう。

事故はやはりあったそうで、霧のなかでの追突やスピードの出し過ぎが原因だった。とはいえ死者は出なかったようだ。

中学生たちは、さらにブレーキの構造や、乗車料金まで調べようとしているが、それについては最後まで解明できないまま終わっている。

それでもよく調べてあり、これを読んだことで、写真で見た以上に現場の雰囲気が感じられた。

ちなみに坂口安吾が著書『安吾新日本地理』のなかで、このスライダーに乗ったと書いている。

そこには間伏に滑走台が出来た理由として、眺望と傾斜以外に、この一帯だけ外輪山が途切れているため溶岩が流れ出しやすく、

〈外輪山から海へかけて全島ジャングルであるが、間伏の方だけ不毛の砂丘が四百米ぐらい垂れさがっていました〉

とあるので、土地が不毛もしくは危険で手に入れやすかった、もしくはレールを敷きやすか

った点もあるかもしれない。

ただ安吾は、

〈私もそれを用いて降りたことがあったが、あんまり、よその大人はそのような降り方に愛着がないらしく、スベリ台で間伏の方へ降りようというヒマ人の姿を見かけなかったものさ。物好きのアベックでもやらんという実に色気のないものだったね〉

と書いており、その言葉通りとするなら、滑走台はそれほど人気がなかった可能性がある。一般観光客にはお金の無駄と映っていたのだろうか。

## 火口探検のゴンドラ

こうして伊豆大島で砂漠とともに訪ねてみたかった滑り台の内容を知ることができた。実に有意義なスペクタクルさんぽであり、これ以上この島に思い残すことはないと言いたいところだが、話はまだ続くのであった。

というのも、なんとわれわれは、さらにスペクタクルなものを発見してしまったのである。時間つぶしに訪れた火山博物館でのことだった。

微妙にパルテノン風の立派な建物の手前に、緊急用のヘリポートにもなっている広場があり、その一角に奇妙なものが置かれていた。

三角屋根のついた円柱形の鉄の箱である（左下）。

全体に錆びついて誰も遊びに来ない児童公園の遊具のようだったが、屋根に「讀」の文字があり、「讀」といえば讀賣新聞だろうと思ったら、果たしてそうであった。説明板に次のような説明が書かれていたのである。

「三原山火口探検のゴンドラ
昭和初期には三原山火口への自殺者が多かった。読売新聞社は自殺者がいかに悲惨な状態になるかを世に知らせるべく、また、火口内の状態を調査する目的で、有人ゴンドラを火口に入れる計画をたてた。」

火口内を調査する有人ゴンドラ！

錆びてボロボロになっているこの廃棄物状の物体が、そんな一大スペクタクルなものだったとは。この腐食は火山ガスのせいだったのか。この程度のゴンドラで火口に降りるとは、無謀にもほどがあるのではないか。

「入念な検討と学者の協力を得て、クレーンによる吊り下げ方式により、昭和8年5月29日に当時の社会部次長

岩田得三が３７５メートルの深度まで降下することに成功し、続いて写真課長　真柄秋徳も２００メートルまで降下した。」

ってすごい。火口がそんなに深いことにも驚きだ。３７５メートルって東京タワーより高いではないか。

「当時の三原山は火口底で頻繁に噴火を繰り返していたが、あらゆる困難を克服して火口内部の状態や火山ガスの採集等貴重な資料が得られた。このゴンドラは60年前の偉業を記念すべく、資料をもとに等寸大で復元したものである。」

ん？

鉄の箱はレプリカだった。

めちゃめちゃ錆びているのは、火山ガスのせいではなく、ただここでずっと野ざらしだったせいであった。おどかしてはいけないのである。

まあ、そこは深く突っ込まないとして、気になることはたくさんある。

まず説明書きに添えられた写真がすごい。

火口の縁からクレーンが火口上にせり出し、そこから長いワイヤーでゴンドラが吊り下がっている。噴気がクレーン近くまであがっており、ゴンドラ内は相当な暑さだったろう。火山ガスの影響も考えれば、このような密閉されていないものに乗って３７５メートルも降りて生きて帰れる気がしない。

仮に酸素ボンベをつけたとしても、この鉄のゴンドラ自体が、ものすごい高温になって乗っていられないだろうし、溶岩が飛んできたら逃げようもない。

現在なら絶対やらないであろう無謀な試みであり、いったいどんな探検だったのかとても気になる。

「1930年代の三原山噴火口」（歴史写真会「歴史写真（昭和８年７月号）」より）

## 狂気の火口探検

火山博物館では十分な情報が得られなかったので、われわれは大島町図書館に行って文献を漁ってみた。

そこで見つけた東京都島嶼町村会による『伊豆諸島東京移管百年史』によれば、事の始まりは、昭和8年（1933年）1月、東京実践女学校の生徒が火口に投身自殺したことである。

その後も投身する若者はあとをたたず、読売新聞の社説は、若者が前途に希望を失いかけていると書いている。後から考えればその後日本は戦争へとなだれこんでいくわけで、希望を失うのはもっともなことだった。

読売新聞社ではこのことが話題となり、火口内部の現実の姿をさらせば自殺防止に役立つのではないかとの意見が出て実地調査を開始、同年5月29日に探検が決行されたとある。

元小学校教諭の柴山孝一氏による編著『大島ガイド』に、「三原山悲話」（廣瀬武著）と題した資料が収録されており、そこには当時のさらに詳しい状況が書かれてあった。

それによると、三原山火口への投身自殺者は、この年9月までに男子117人、女子12人にのぼったというからものすごい。2年弱で129人も火口に飛び降りたのだ。

この年9月までにその人数ということは、昭和8年5月の探検は、とくに自殺防止に役立たなかったことになるが、探検そのものは大いなる快挙として号外が出るほど盛り上がった。

いったいどんな探検だったのか。

概要をまとめるとこんな感じだ。

## ゴンドラの仕組み

千二百尺（約360メートル）を超える長いワイヤーに、重さ百五十貫（約560キログラム）のゴンドラを吊るし、それにひとりが搭乗して降下する。

ゴンドラ内の装備

地上との連絡用電話、地上と電線で繋がれた高度計、温度計、湿度計、磁石。すべて座ったままで操作できるようになっている。

搭乗者

搭乗者は、防毒マスクと圧搾酸素を身に着け、腰にロープを結び、刺し子の上衣、袴を着て、赤皮の脚絆に登山靴を履いて乗り込んだ。

資料には当時の状況が淡々と書かれているが、気になるところはたくさんある。

防毒マスクと圧搾酸素はいいとして、搭乗者が着ているのが刺し子の上衣って、そんなレベルで大丈夫なのだろうか。座ったままで降りていくようだが、果たして椅子は熱くならなかったのだろうか。ゴンドラ自体は鉄製であり、かなり高温になるはずだ。電話の受話器だって熱くなるのではないか。もしもしとか言ってる間に耳が火傷しそうである。

## 当日の経緯

| | |
|---|---|
| 午後2時42分 | 岩田社会部次長が降下を開始。 |
| 午後3時 | 四百尺（約120メートル）降下。<br>ゴンドラを停止して火口内を探検。<br>「爆発する時は五彩の花火を見るが如き観なり」 |
| 同15分 | 千二百五十尺（約375メートル）に到達。<br>死体を発見するも救助はできず。<br>さらに二百尺（約60メートル）下に女の死体を認めたが詳細は不明。<br>電話線が切れて非常用の鐘を打つ。<br>呼吸困難で危険としてゴンドラを引き上げる。 |
| 同40分 | 帰還。 |

| | |
|---|---|
| 午後4時15分 | 第2探検者真柄写真課長がカメラを持って降下を開始。 |
| 同19分 | 爆発あり。<br>「灰降りかかり身体相当の暑さを感じたり」 |
| 同20分 | ストップの電話。フィルムの交換。<br>呼吸苦痛を訴えるが降下継続。 |
| 同25分 | 四百尺降下。爆発しきり。<br>地上より上がってはどうかと打診。<br>真柄課長哄笑して引き続き降下の返事。 |
| 同26分 | 六百尺（約180メートル）で停止して撮影。 |
| 同27分 | 3、4回の爆発。<br>撮影を試みるも火口内暗黒にて撮影困難。 |
| 同30分 | 七百尺（約210メートル）まで降下。<br>呼吸困難。真柄課長さらに降下を指示するも、<br>地上では聞き入れず引き上げ。 |
| 同35分 | 帰還。 |

だが、そのあたりの詳細は何も書かれていない。

そして恐ろしいのは、火口内に倒れている死体だ。

こんな場所に生身で転がっている死体を想像すると、まさに地獄絵図であり、何もこんなところに飛び込まなくてもと思ってしまう。

第2探検者の写真課長を送り出したことは、さらに気がかりだ。

実は第1探検者の岩田次長のゴンドラを引き上げる際、岩に引っ掛かって電話線が千切れたらしい。電話線でよかった。ゴンドラの写真を見ると大雑把にロープにぶら下がっているだけで、救助用の設備もなさそうだし、本格的に引っ掛かったらどう脱出するつもりなのだろうか。

岩田次長が戻った時点でもうやめたほうがいい気がするが、探検は継続された。

そして何より一番得体が知れないのは写真課長本人である。

降下を開始してすぐに相当な暑さを感じ、途中呼吸困難を訴えているのにさらに降下し、もう上がっては？　と地上から打診されても笑っている。

笑ってる場合か。

降下中に火口は何度も爆発している。溶岩が飛んできて当たったりしないのだろうか。

さらに最も意味不明なのは、撮影しに行ったはずなのに、暗くて撮れなかったということだ。

何しにいったんだ写真課長。

おまけに撮影できないにもかかわらず、もっと降下しようとしている。

豪胆なのか狂っているのか。

探検はとにかく無謀であり、スライダーとはちがってゴンドラにはとくに乗りたくならなかった。

資料を読み終えてみれば、何にも増して心に刺さるのは、火口内に死体がいくつも転がっていたことで、さらにはそんな火口内の状況が世に知られてもなお、多くの人間が飛び降りていることである。

無惨としか言いようがない。

『伊豆諸島東京移管百年史』に記載されている読売新聞の記事によると、岩田社会部次長が記録した375メートルの火口降下は、フランス人キルナーが持っていたイタリア・ストロンボリー火口降下の記録240メートルを抜き世界記録だったとある。

世界記録だの大探検だの騒ぎ立てるわりに、現在ではほとんど知られていないのは、こんな無茶をマネされてはいかんという後世への配慮だろうか。

坂口安吾が最初に大島を旅したのが、スライダーが操業していた昭和10年から17年の間とすれば、昭和8年に行われたこの火口探検のことも多くの自殺者があったこともまだ昨日のことのように世間の記憶に残っていたはずだが、『安吾新日本地理』にはまったく触れられていない。

その後、読売新聞社に問い合わせたところ、当時の写真の大半は戦火で焼かれて、残っていないのだそうである。歴史は瞬く間に忘れ去られていくということかもしれない。

いずれにしても砂漠と滑り台を見にきたら、とんだエピソードを知ったものであった。

東京から高速艇で2時間の島に、こんなにもいろんな風景と歴史があるとは思いも寄らなかったのである。

※三原山は今も活動している活火山です。お出かけの際は、各自で現地の最新情報や必要な装備を十分にお調べの上、ご準備ください。

# あとがき

スペクタクルなものを見にいくというテーマであちこち散歩してきた。

スペクタクルなものといっても、べつに厳密な定義はなくて、ただただびっくりするものが見たかったのである。日常では出会わないような景色に出会いたかった。

でっかい風景だけじゃなくて彫刻みたいな小さなものを探し歩いたりもして、実際何がスペクタクルで何がそうでないのか、支離滅裂なチョイスだったかもしれない。

ときどき、なんでこれがスペクタクルなのかわからないと編集のシラカワ氏も首をかしげていたが、まあでもふしぎなものをいろいろ見られてよかったのである。

そういう彼女も「行けば、どこでも旅は楽しい」と終わったあとに言っていたから、楽しんでくれたものと思いたい。

本当はまだまだ見てみたい景色、行きたい場所もあったのだが、キリがないのでこのへんでいったん区切りとする。ちなみに言うと、一番行きたかったのは青ヶ島で、太平洋上に浮かぶババロアみたいな奇妙な景色をぜひこの目で見てみたかった。東京にあんな秘境がまだ残っているとは、うれしい限りである。これは今後の自分への宿題としておきたい。

この本を執筆するにあたっては、新潮社のシラカワ氏はじめ、ニシ氏、ムラカミ氏、そしてスガノ氏に大変お世話になった。末尾ながらここに記して感謝申し上げる次第である。

宮田珠己

参考文献

『東京サイハテ観光』中野純・中里和人（交通新聞社）
『寺社の装飾彫刻　関東編下　千葉・栃木・茨城・神奈川』若林純（日貿出版社）
『「奇跡の自然」の守りかた』岸由二・柳瀬博一（ちくまプリマー新書）
『西洋中世奇譚集成　皇帝の閑暇』ティルベリのゲルウァシウス著、池上俊一訳（講談社学術文庫）
『日本文化私観』坂口安吾（講談社文芸文庫）
「三原山滑走台の謎に迫る」大島第2中学校地域研究発表会
『安吾新日本地理』坂口安吾（河出文庫）
『伊豆諸島東京移管百年史』東京都島嶼町村会
『大島ガイド』柴山孝一編著
「三原山悲話」廣瀬武

**宮田珠己**

みやた・たまき

1964年兵庫県生まれ。大阪大学工学部卒業後、会社勤めの傍らアジア各地を旅する。95年、『旅の理不尽～アジア悶絶篇』を自費出版してライターデビュー。以来、旅とレジャーを中心に幅広い分野で執筆活動を続けている。『旅の理不尽 アジア悶絶篇』『わたしの旅に何をする。』『ジェットコースターにもほどがある』『なみのひとなみのいとなみ』『だいたい四国八十八ケ所』『日本全国津々うりゃうりゃ 仕事逃亡編』『日本ザンテイ世界遺産に行ってみた。』など著書多数。


本書は「Webでも考える人」にて連載された同タイトルを加筆・修正したものです。
また、掲載している内容は取材時の状況を反映しております。

# 東《とう》京《きょう》近《きん》郊《こう》スペクタクルさんぽ


発行 2018年4月25日

著者
宮《みや》田《た》珠《たま》己《き》

発行者
佐藤隆信

発行所
株式会社新潮社
〒162-8711 東京都新宿区矢来町71
電話 03-3266-5411（編集部）
03-3266-5111（読者係）
http://www.shinchosha.co.jp

印刷所
錦明印刷株式会社

製本所
株式会社大進堂

乱丁・落丁本は、ご面倒ですが小社読者係宛お送り下さい。
送料小社負担にてお取替えいたします。価格はカバーに表示してあります。





ISBN978-4-10-351781-8 C0026